EL USO DE LOS TITERES EN LA OBRA MISIONERA

S. Dennis Hale

CASA BAUTISTA DE PUBLICACIONES

CASA BAUTISTA DE PUBLICACIONES

Apartado 4255, El Paso, Tx. 79914 EE. UU. de A.

Agencias de Distribución

ARGENTINA: Rivadavia 3464, 1203 Buenos Aires
BRASIL: Rua Silva Vale 781, Río de Janeiro
BOLIVIA: Casilla 2516, Santa Cruz
COLOMBIA: Apartado Aéreo 55294, Bogotá 2 D. E.
COSTA RICA: Apartado 285, San Pedro
CHILE: Casilla 1253, Santiago
ECUADOR: Casilla 3236, Guayaquil
EL SALVADOR: 10 Calle Pte. 124, San Salvador
ESPAÑA: Arimón 42, 08022, Barcelona
ESTADOS UNIDOS: Broadman/Holman: 127 Ninth Ave.,
Nashville, Tenn., 37234
GUATEMALA: 12 Calle 9-54, Zona 1,
01001 Guatemala
HONDURAS: 4 Calle 9 Avenida, Tegucigalpa
MEXICO: Vizcaínas 16 Ote.
06080 México, D. F.
José Rivera No. 145-1
Col. Moctezuma 1ª Sección
15500, México, D. F.
Matamoros 344 Pte.
Torreón, Coahuila, México
16 de Septiembre 703 Ote.,
Cd. Juárez, Chih., México
NICARAGUA: Apartado 5776, Managua
PANAMA: Apartado 5363, Panamá 5
PARAGUAY: Pettirossi 595, Asunción
PERU: Apartado 3177, Lima
REPUBLICA DOMINICANA: Apartado 880, Santo Domingo
URUGUAY: Casilla 14052, Montevideo
VENEZUELA: Apartado 152, Valencia 2001-A

Primera edición: 1990

Clasificación Decimal Dewey: 791.5

Temas: 1. Títeres y teatro de títeres
2. Misiones

ISBN: 0-311-11072-X
CBP: 11072

5 M 12 90   4820-72

Printed in U.S.A.

RECONOCIMIENTO

Quisiera expresar mi gratitud a la señorita Carol Kammerdiener, por cuya iniciativa nació el ministerio de títeres en Oviedo, España, y a Lisa Hale, Kristy Hale y Eunice Moragrega, miembros de nuestro primer equipo. Estas cuatro jóvenes crearon el campo de ensayo para muchas de las ideas descritas en la presente obra.

También, estoy agradecido a Luisa Sánchez Gracia por la preparación de los patrones, a María Josefa González y Olegario Moragrega por la elaboración de las instrucciones para hacer títeres, a Kenneth Park por las fotografías y a María Dolores Silvestre y Máximo García Ruiz por la corrección del manuscrito.

Contenido

Introducción

Nuestra experiencia

Mi experiencia con el uso de los títeres en la obra misionera comenzó con mi llegada, junto con mi familia, a la ciudad de Oviedo, España, en el verano de 1982. Venía con nosotros una joven misionera, la señorita Carol Kammerdiener. Nuestro propósito en Oviedo era comenzar una obra evangélica bautista, la primera en esta región. Aparte de mi familia, sólo había otra familia más de creyentes bautistas en la ciudad. Iniciamos cultos en las dependencias de una tienda de ropa y empezamos la proclamación del evangelio en la ciudad.

Para nosotros, la proclamación del evangelio comenzó en una plaza pública de la ciudad llamada "El Fontán". "El Fontán" es un mercado público en el centro de la ciudad y cada domingo se convierte en un mercadillo de venta ambulante donde gran cantidad de personas van para pasear, mirar, conversar y comprar. Decidimos dedicar cada domingo por la mañana a proclamar el evangelio a estas multitudes.

Carol había traído a España un juego de cuatro títeres y algo de experiencia en cuanto a su uso. Ella ofreció formar un equipo de titiriteros con mis dos hijas (de once y catorce años de edad) y la hija de la otra familia (de quince años). Después de un mes de ensayos y preparación de un equipo que incluía megafonía, escenario y guiones, comenzamos un domingo por la mañana con el Teatro de Títeres de la Iglesia Bautista.

Todos estábamos algo nerviosos porque no sabíamos cual sería la reacción de la gente. Sabíamos que unos domingos antes, cuando nos pusimos sólo a predicar con un micrófono, la gente apenas se paraba. ¿Se detendría la gente para ver los títeres? ¿Escucharía los mensajes?

Pronto supimos la respuesta. Cuando los títeres comenzaron a subir y a hablar, la gente comenzó a detenerse delante del escenario. Docenas de personas de detuvieron. Cien, doscientas personas se quedaron para todas las obras. Eran niños, jóvenes y adultos, más adultos que niños. Y así ha sido durante los tres primeros años de nuestro teatro en El Fontán. Como resultado, han habido conversiones de personas que conocimos durante nuestra cita con el pueblo los domingos por la mañana. Y de esta experiencia, quisiera sacar unas conclusiones que puedan servir para otros que deseen utilizar los títeres en la evangelización y las misiones.

Filosofía de este ministerio

La comunicación del evangelio es importante para todos los creyentes y el teatro de títeres es un buen vehículo para ese propósito.

Es un buen vehículo porque el teatro de títeres permite la predicación del evangelio de una forma atractiva y llamativa. A lo largo de estos años de testimonio al aire libre hemos observado que cuando uno comienza a predicar directamente al público, el público se va. (Por lo menos aquí en Asturias.) A veces oímos a las personas decir: "¡Ya empieza otra vez!" o "¡Mejor me voy!" y se marchan. Para que haya "comunicación" tiene que haber no solo alguien que habla sino también alguien que escucha. Con los títeres delante, gran parte del público se queda para escuchar. Se puede "predicar" por medio de un diálogo animado entre dos o más títeres o entre una persona y los títeres. El público no se marcha porque los títeres son simpáticos.

El teatro de títeres crea simpatía hacia el mensaje que se está predicando y hacia la iglesia evangélica. Entretiene y comunica. Permite la introducción de enseñanzas bíblicas de una forma suave y llamativa. Predispone a la gente hacia el mensaje que se quiere comunicar.

El teatro de títeres permite una comunicación directa con el pueblo. Estamos frente a frente con la gente. Podemos ver sus caras y reacciones. A veces, hay pequeños gestos que nos dicen que esa persona estaría receptiva a un testimonio personal.

I.
Formato y técnica

Lugar y hora

Es importante tener un lugar fijo y una hora fija cada semana para el teatro de títeres. De cuando en cuando hemos cedido a la tentación de ir a los pueblos esporádicamente para "sembrar" la Palabra pero los resultados han sido escasos. El valor de tener un lugar y una hora fijos es que permite establecer una relación personal con miembros del público. Se puede llegar a formar una "congregación" en la calle paralela a la del templo, pero con una diferencia importante —se predica a más inconversos en la calle que en el templo. El contacto periódico con esas personas en la calle va minando la indiferencia, suspicacia, y desconfianza de las mismas. Se convierten en amigos. El resultado de nuestra experiencia ha sido que algunos de estos amigos llegaran a formar parte de la otra congregación— la del Señor.

No sólo es importante tener lugar y hora fijos, sino EL lugar y LA hora también son importantes. Debe ser un lugar donde la gente pasea para pasar el tiempo —para entretenerse. Una calle de mucho tránsito peatonal no siempre será el lugar más adecuado. Las personas que van de prisa de un punto a otro no se van a parar por mucho rato. Es mejor un lugar peatonal donde la gente pasa tiempo de ocio fuera de las horas comerciales. En nuestra ciudad de Oviedo, el lugar ideal ha sido la *Plaza de El Fontán* que durante la semana es un mercado central y los domingos por la mañana se convierte en un mercadillo de venta ambulante de artículos usados, artesanías, antigüedades, etc. Entre las once de la mañana y las dos de la tarde (la hora de comer en Oviedo), la gente se pasea por la calle para pasar el rato. En este lugar, nunca nos ha faltado un buen público de entre cien y trescientas personas que viene de todas partes de la ciudad. Muchas de las mismas personas se encuentran domingo tras domingo delante de nuestro "púlpito" —el teatro de títeres.

El programa

Cada equipo de titiriteros encontrará el formato de programa que más le convenga. El programa que hemos usado durante estos tres años es el siguiente: Llegamos a la plaza cada domingo alrededor de las doce de la mañana, después de la escuela dominical en el templo. El equipo tarda un cuarto de hora en colocar el escenario. Una vez que está montado el escenario, se coloca un reloj de cartón que marca la hora del comienzo de la primera función. Cuando llega la hora, comienza una música movida y los títeres presentan una estrofa de una canción cristiana titulada "Si el Espíritu de Dios se mueve en mí" (no importa mucho la música, siempre que sea animada). El propósito de la misma es atraer a la gente antes de comenzar las obras. Cuando termina esta música ya tenemos un buen número de público y un títere sube al escenario para dar la bienvenida, presentarse y anunciar los títulos de las tres obras que se van a presentar este domingo. A continuación se presentan tres obras cortas (de tres a cinco minutos cada una). Entre cada obra, hay una pequeña pausa que aprovechamos para que el pastor de la iglesia u otra persona hable con el público para decirle donde está el templo evangélico u otro mensaje corto (menos de un minuto). Después de la tercera obra, un títere anuncia que hay folletos para los niños y tratados para los mayores. Hay jóvenes y otros miembros de la iglesia preparados para repartirlos y para entablar conversación con individuos y hacer una obra personal de testimonio.

Después de esta primera función, los titiriteros colocan las

El pastor da una breve explicación.

Libros para vender.

Folletos para el público.

manecillas del reloj para marcar la hora de la próxima función y toman un descanso de media hora. La media hora permite a los miembros de la iglesia repartir folletos y hablar con la gente. También, al lado del escenario, siempre tenemos una mesa de libros y casetes evangélicos a la venta.

A la hora señalada, vuelven los titiriteros al escenario y se repiten las mismas obras y el mismo programa de la primera función. Y siempre tenemos un público diferente.

Se pueden utilizar las siguientes variantes en el programa:

a. La música. A veces los títeres cantan y enseñan canciones cristianas a los niños. Cantan una canción dos o tres veces con el acompañamiento de una guitarra que una persona puede tocar delante del escenario (o detrás de él). Luego se invita al público, sobre todo a los niños, a que canten.

b. Diálogo con una persona. Con mucha frecuencia, cuando un predicador se pone a predicar el evangelio directamente al público, ese público se marcha. No es así con la predicación por medio de un diálogo con uno o más títeres. Usamos de este método indirecto de predicación de dos maneras. La primera es incorporar en un guión el diálogo con una persona que está fuera del escenario con un micrófono. Esta persona puede memorizar las líneas del guión o tener el guión colocado delante donde pueda verlo. (Hay ejemplos de estos guiones en este libro.) La otra manera es mantener un diálogo libre con un títere. Este puede hacer preguntas clave que permitan que la persona conteste. También puede dialogar con un personaje incrédulo ("abogado del diablo") y reflejar los reparos y dudas que tal incrédulo pueda tener hacia el evangelio o hacia la iglesia evangélica. El diálogo libre se presta a más variedad y espontaneidad frente a las situaciones y circunstancias del momento. Además, es más natural. Cualquiera de las dos maneras de dialogar permite al pastor u otro creyente decir lo que quiera al público sin ofender y sin que el público se marche. Pero debe recordarse que estos diálogos deben ser breves. No se intenta predicar un sermón de media hora por este método.

El contenido de los guiones

Usamos dos tipos de guiones:

a. Guiones de contenido evangélico y bíblico. Los niños escuchan y "ven" verdades bíblicas y, lo que es más importante, sus padres también las ven. Nosotros dirigimos una buena parte de nuestras obras a los adultos que siempre constituyen tres cuartas partes de nuestro público.

b. Guiones de contenido cívico y humanitario. El creyente evangélico se preocupa por el hombre total, su sociedad, y por el mundo en el cual vive. Por lo tanto, algunas de nuestras obras tratan temas de salud, ecología y convivencia social. Procuramos presentar una de esas obras cada domingo. Por medio de ellas comunicamos la aplicación de verdades cristianas en el ambiente social y creamos simpatía hacia nuestro mensaje prioritario — la proclamación de la buena nueva de la salvación. Conviene aclarar que nunca tocamos temas políticos.

El manejo de los títeres

No hay que decir que hacen falta ensayos semanales para poder comunicar por medio de los títeres. Hace falta mucha práctica para poder manipularlos bien. Son pequeños actores y, dentro de sus limitaciones, deben actuar como si fuesen actores de verdad.

a. Cómo entrar en escena. Un títere no debe subir y bajar del escenario como si se tratara de subir y bajar un paraguas. Debe entrar y salir andando como si subiera o bajara unas escaleras.

b. Cómo hablar. La buena práctica hará que las palabras habladas sintonicen con el abrir y cerrar de la boca del títere. Debe tenerse cuidado de que la boca no quede abierta cuando no está hablando y que no esté cerrada mientras se está hablando.

c. Las miradas. Los títeres deben mirar hacia el otro títere o hacia la persona a quien estén hablando. Cuando hablan al público deben mirar al público, lo mismo que si se tratara de actores de verdad. Se pueden hacer gestos con la boca, la cabeza y las manos para mostrar conformidad con lo dicho.

Conviene tener cuidado de que un títere no se quede mirando al cielo mientras el otro habla. Esto ocurre por la tendencia natural de la muñeca del brazo a relajarse después de estar en alto mucho tiempo.

    d. Aprendizaje. Los programas para niños en la televisión que utilizan títeres ofrecen oportunidades para observar buenas técnicas sobre su uso. Además, uno debe practicar delante de un espejo para perfeccionar los gestos y movimientos.

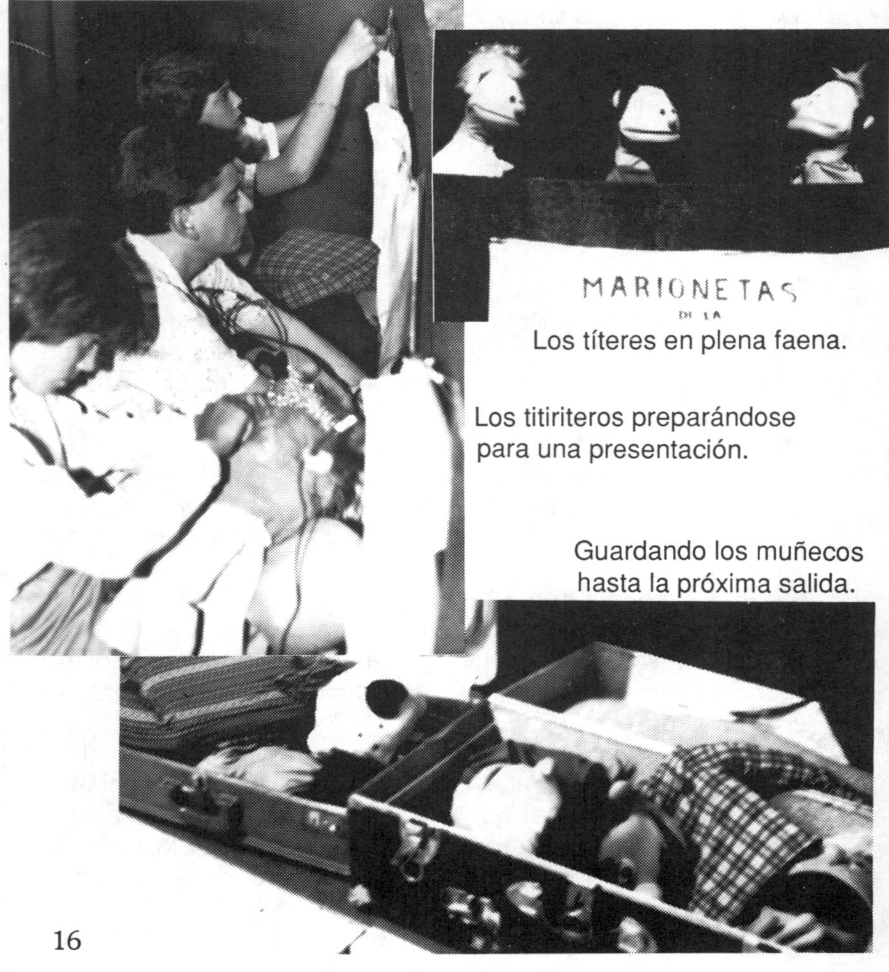

Los títeres en plena faena.

Los titiriteros preparándose para una presentación.

Guardando los muñecos hasta la próxima salida.

II.
El equipo

Los títeres

Hemos usado títeres profesionales comprados en un comercio especializado. Son títeres que se usan metiendo la mano dentro de la cabeza. Los más sencillos sólo tienen movimiento de la boca pero otros permiten el uso de brazos y hasta de las manos. Son títeres atractivos, pero también costosos. No es necesario comprar títeres profesionales. Se los puede fabricar. Este manual contiene algunos patrones e instrucciones que permiten hacer títeres atractivos y útiles con una mínima inversión de dinero.

El escenario

El escenario puede ir desde muy sencillo hasta muy completo y complicado. Lo más sencillo es tener dos personas sosteniendo una manta por las esquinas. Una solución media es lo que hemos usado en Oviedo —un escenario hecho de tuberías de plástico y cortinas. Es ligero, atractivo, funcional, y se monta en diez minutos. Creemos que es lo más apropiado para la clase de teatro que hacemos— todas las semanas en el mismo lugar. Este libro contiene algunas instrucciones para su construcción.

El sistema de sonido

Los titiriteros normalmente trabajan detrás de cortinas gruesas. Un buen sistema de sonido ayuda en la comunicación con el público. Al aire libre, la megafonía es imprescindible.

La amplificadora puede ser una de las que se usa para guitarras, de quince vatios o más, o sistemas profesionales con varias tomas para micrófonos. Si la amplificadora sólo tiene una o dos tomas para micrófonos, se recomienda el uso de un mezclador sencillo para poder utilizar hasta cuatro micrófonos a la vez. (En el apéndice se incluyen instrucciones para fabricar un mezclador de sonido.) La amplificadora debe ser autónoma, es decir, utilizable sin tener que enchufarla a la red de tensión de una casa. Es aconsejable que funcione con pilas de manera que se logre una autonomía completa. La nuestra funciona con una batería de doce voltios y al principio la conectábamos con un cable al mechero de un coche, aunque esto era a veces un problema. Solucionamos el problema con una batería de moto. Pero repito, una amplificadora que funciona con pilas es lo mejor.

Cada titiritero debe tener su propio micrófono. El mejor micrófono es el de solapa, aunque hemos usado sin problemas micrófonos acústicos de guitarra. Sin embargo, no es conveniente que el titiritero lo use en su solapa. Tiene que tenerlo directamente delante de sus labios, casi tocándolos.

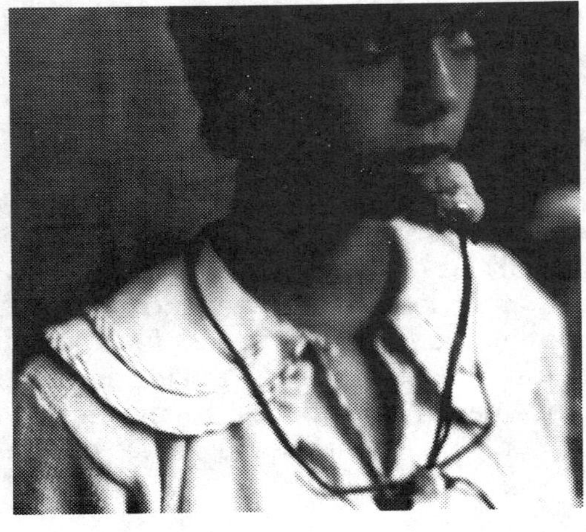

Titiritero con
micrófono puesto.

Hemos hecho armazones sencillos de alambre plastificado que aguantan los micrófonos. Al estar tan cerca de los labios, el micrófono debe cubrirse con una bolsa de goma-espuma para amortiguar la respiración y el viento. Los micrófonos que son de tipo "condensador" usan una pequeña pila. Debe quitarse la pila después de la función porque si no, se descargará dentro de dos o tres semanas.

El sonido debe ser nítido. Esta nitidez se logra con buenos micrófonos, buena amplificadora y buen altavoz. Nosotros usamos un altavoz tipo bocina.

Otro elemento necesario para la megafonía es un buen pasacasetes para poner música de fondo y otros efectos sonoros a las actuaciones. El pasacasetes se conecta a la amplificadora.

La amplificadora puede ser controlada por el equipo desde dentro del escenario o por otra persona desde fuera.

Componentes básicos del sistema de megafonía:

1 amplificadora de quince vatios de mínimo que funcione a pilas

dos a cuatro micrófonos

1 mezclador con cuatro entradas (si la amplificadora no tiene entradas para cada micrófono)

1 pasacasetes

1 cable para conectar el pasacasetes a la amplificadora pilas o batería

Si es de batería, un cable para conectar la amplificadora a ella

1 altavoz o bocina

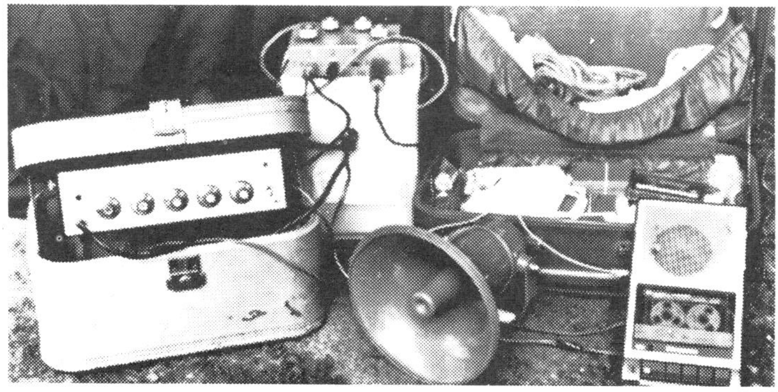

III.
Los guiones

Aunque hay buenos guiones disponibles en castellano, es aconsejable que cada equipo dedique tiempo para escribir sus propios guiones. De esta manera, se pueden incluir referencias a costumbres y problemas locales, y temas de interés para su situación particular. La gente responde mejor a cosas que les toca más de cerca. El uso en los guiones de los nombres de las ciudades y los pueblos cercanos siempre da un carácter más auténtico a la obra y ayuda al público a identificarse mejor con el mensaje.

Hemos usado algunos miembros de nuestro equipo de titiriteros para escribir la mayoría de los guiones que usamos. En una primera sesión, nos sentamos para pensar en temas que podrían ser desarrollados en un guión. Nos gustan las historias o parábolas bíblicas puestas en un contexto moderno. Hicimos una lista de textos bíblicos que nos gustaría desarrollar. La primera lista incluía: El Rico Insensato (Lucas 12:13-21), Los Dos Cimientos (Mateo 7:24-28), El Joven Rico (Lucas 18:18-27), El Buen Samaritano (Lucas 10:25-37), El Hijo Pródigo (Lucas 15:11-24), Jesús y Zaqueo (Lucas 19:1-10). También, hicimos una lista de otros temas: No Robarás, La Policía, La Limpieza de las Calles, El Respeto a los Semáforos para Peatones, La Mentira. El lector encontrará más adelante guiones tocando varios de los temas arriba mencionados.

En posteriores sesiones de trabajo, tomamos un tema y nos pusimos a pensar y hacer sugerencias acerca de ello, teniendo en cuenta los siguientes aspectos:

La intención del guión

¿Es didáctico, evangelizador, cívico? ¿Se dirigirá mayormente hacia los niños o es un mensaje para los jóvenes y adultos? En la obra "No Robarás", el mensaje tiene algo para los niños, pero va dirigido a los padres que mantienen un doble estándar de comportamiento —padres que no son buen ejemplo para sus hijos.

La situación

Podemos decir que la situación es el contexto para el desarrollo de la intención del guión. El contexto puede ser real o imaginario. En la obra "No Robarás", el niño ha robado unos lápices en el colegio, el padre se ha enterado y arma un escándalo.

Los personajes

En este punto toca decidir cuáles serán los personajes que encajarán bien en la situación.

Guiones colocados dentro del escenario para fácil lectura.

El conflicto

Para que el guión tenga acción, tiene que haber conflicto. El conflicto puede existir entre dos personajes, entre un personaje y una fuerza externa o dentro del personaje mismo. En la obra "No Robarás", el conflicto comienza entre el hijo y su padre pero termina siendo un conflicto del padre consigo mismo. Se debe determinar cómo deben reaccionar los personajes al conflicto y la situación en la que están envueltos.

El diálogo

Nos referimos al diálogo específico entre los personajes —diálogo que expresa en forma clara sus opiniones.

Una vez que delineamos estos parámetros, comenzamos a inventar el diálogo. Seguimos unas reglas generales en la confección del mismo. Nuestras obras son para la calle y el gran público. Usamos frases cortas y lenguaje carente de vocabulario "religioso". Escribimos obras cortas (de tres a cinco minutos) porque los brazos se cansan. Nos identificamos con el pueblo, sobre todo en el uso de nombres y situaciones locales. Evitamos los chistes y bromas. Procuramos evitar situaciones en las que los títeres tienen que tomar decisiones o representar papeles delicados —es decir— los títeres no aceptan a Cristo y no oran de verdad. No queremos dar la impresión de que el seguir a Cristo es cosa de fantasía. Tenemos en cuenta el hecho de que los títeres son personajes de fantasía. Hablan en frases cortas y saltan a conclusiones rápidamente y a veces a extremos.

Aunque una sola persona con un mínimo de talento puede escribir los guiones, para nosotros ha sido una experiencia enriquecedora el escribir algunos de los nuestros en equipo.

Algunos guiones para el aire libre

LA ESTRELLA

Adaptado por S. Dennis Hale

Cinco personajes: Narrador, Ester, Mamá, Papá, Rey Mago

NARRADOR: Erase una vez un país muy lejano donde vivía una pequeña niña llamada Ester. La casa de Ester era muy diferente a la nuestra porque ella vivía en una casa edificada en una torre encima de una gran muralla que rodeaba el pueblo de Belén.

El padre de Ester era el encargado de un hotel —bueno— de un mesón. Era un mesonero. El mesón tenía un patio interior grande y todas las habitaciones rodeaban ese patio.

Este mesón se hallaba cerca de la gran muralla de manera que una noche cuando Ester (entra Ester y se queda contemplando hacia abajo como si mirara a través de una ventana; entra su madre y queda al otro lado como si estuviera fregando platos en la cocina) estaba mirando por la ventana de la torre, se detuvo a contemplar el gran patio. Una escena extraña le llegaba a los ojos. Mucha gente llegaba al mesón porque el rey había promulgado una ley que decía que todo ciudadano tenía que volver a su pueblo natal para ser contado y pagar sus impuestos.

ESTER: ¡Oh! Hay tantas personas. Algunas están llegando montadas en camellos y ¡oh!. . . allí hay otras montadas en un burrito. . . y otras caminando. Deben estar muy cansados. . . y los niños. Deben tener mucha hambre.

MAMA: (Mamá se da vuelta y se acerca a Ester.) Ester. No debes asomarte a la ventana. Ven a esconderte en la casa hasta que toda esa gente se haya marchado. No deben verte. No es prudente. ¿Entiendes?

ESTER: Sí, mamá. (Deja la ventana y va cojeando detrás de
su mamá. Ester es coja.)

MAMA: (Volviéndose para ayudar a caminar a su hija.) Mi
pobre corderita. Si no fuera por aquella patada de la mula
hace seis años que hizo daño a tu espalda, estarías sana y
andarías y correrías como cualquier otra niña. Pobrecita.

ESTER: No te preocupes, mamá. Mi espalda no me duele
hoy. Ultimamente, cuando la luz de aquella nueva estrella
cae sobre mi cama, me siento mejor y más fuerte y muy
feliz. Es como si yo pudiera trepar los rayos de la estrella y
llegar hasta el cielo.

MAMA: (Moviendo de un lado a otro la cabeza.) Hijita mía,
no es probable que tú escales mucho, ahora o tal vez
nunca.
Ven, la cena está lista. Vamos a buscar a tu padre. No sé
por qué no ha llegado todavía.
(Después de un rato, entran otra vez hablando y papá
está con ellos.)

ESTER: Pero papá, debe haber algún lugar donde esa joven
señora y su esposo puedan pasar la noche. Escucha,
papá. Los bueyes duermen afuera bajo las estrellas estas
noches cálidas, y la paja en las cuevas está limpia. Allí
duerme mi pequeño cordero. Podrían dormir allí.

PAPA: Pues, sí, hijita mía. Es verdad. Los llevaré a las cuevas.

ESTER: ¿Y podemos mandarles un poco de pan y leche?
¡Parecían tan cansados! ¿Puedo ir contigo?

PAPA: No puedes ir, hija, porque debes ir a la cama. Pero les
mandaremos leche y algo de comer. Ahora, vete a
dormir.

(Sale Ester hacia un lado y la mamá y el papá hacia otro.)

NARRADOR: Aquella noche cuando la pequeña Ester se
acostó en su cama, los rayos de la hermosa estrella
brillaban más que nunca. Parecía que cuando la suave luz
bañaba su pequeño cuerpo, el dolor se apagaba. Esa
noche soñó que aquella preciosa estrella se estallaba y de
ella salían ángeles sin número que cantaban durante la
noche: "¡Gloria a Dios en las alturas, y en la tierra paz,

buena voluntad para con los hombres!'' Cuando llegó la mañana. . .

MAMA: (Entra mamá llamando.) ¡Ester! ¡Ester! Despiértate y ven. Tengo algo que contarte. Te vas a poner muy contenta.

ESTER: (Sube mirando como si se acabara de despertar.) Dime, mamá. ¿Qué es?

MAMA: Durante la noche vinieron muchos ángeles a cantar y en ese momento nació un bebé muy pequeño en el pesebre junto a tu corderito blanco.

ESTER: ¡Oh! mamá, ¿Puedo ir a verlo?

MAMA: No sé, hija. Veremos más tarde. (Salen las dos)

NARRADOR: Dos días después, todos los visitantes se fueron del pueblo. Todos menos tres —el hombre cuyo nombre era José; la mujer, quien se llamaba María, y el bebé. Y al marcharse toda la gente, el padre de Ester mandó buscarles y les dio un cuarto en el mesón, junto al patio en la planta baja. Como siempre, Ester jugaba a su manera con su cordero en la calle. A veces se asomaba a la puerta del cuarto donde estaba el niño pero no se atrevía entrar.

A mediodía, como todos los días, Ester y su madre fueron a la fuente del pueblo. Mientras su madre se apartó a un lado para hablar con las demás mujeres sobre los extraños acontecimientos de los días anteriores, Ester siguió y se sentó junto a la fuente. (Entra Ester.) Aunque Ester era un poco tímida, no tenía miedo de nadie, porque muchos forasteros se detenían con frecuencia junto al pozo. Pero, Ester nunca había visto nadie como esos tres hombres que venían hacia ella. Uno de ellos se le acercó. (Entra uno de los Magos.)

MAGO: Dime, pequeña. ¿Dónde ha nacido aquel que es llamado rey de los judíos?

ESTER: Yo no conozco a ningún rey, señor. Pero hace dos noches, mientras una estrella nueva brillaba en los cielos, unos ángeles cantaron y nació un bebé y lo colocaron junto a mi corderito en un pesebre.

MAGO: Aquel debe ser él. ¿Me puedes mostrar el camino,

pequeña? Mis compañeros y yo, tenemos que ir a verlo. Es muy importante.

ESTER: Sí, señor. ¡Mamá! ¡Mamá! (Salen los dos) Mamá, debemos llevar a estos hombres a donde está el pequeño niño que nació en nuestro pesebre.

NARRADOR: Ester y su mamá llevaron a los tres hombres a la casa donde estaba el niño. Los hombres llevaban ropa muy fina y lujosa. Parecían ser hombres muy importantes. Al llegar al mesón, los tres forasteros entraron y, al ver al niño, se regocijaron mucho y abrieron regalos y le obsequiaron con oro, incienso y mirra. La madre de Ester se maravillaba al ver aquella riqueza pero Ester solo veía al bebé que dormía en el seno de su joven madre. Pensaba Ester: "Si solo pudiera tenerlo en mis brazos durante un momento." Pero temía pedírselo. Al marcharse los tres hombres que parecían ser reyes. . .

ESTER: (Entra con su cordero y juega cojeando.) ¡Oh mi pequeño corderito! Eres mío, mío, mío. Te quiero mucho, mi corderito chiquito. Y también al pequeño bebé, que nació en tu pesebre. ¡Si solo tuviese un pequeño regalo para darle como se lo dieron los hombres sabios que vinieron! Pero no tengo nada. (Sale Ester.)

NARRADOR: Aquella noche, al estar acostada en su cama, la luz de la estrella, que ya cada noche era menor, cayó sobre el pie de la cama. Durante unos momentos alumbró al cordero blanco que estaba dormido a sus pies. Ester pensó en algo. Al día siguiente, se vistió cuidadosamente y, bajando al mesón donde trabajaba su padre, se acercó al cuarto donde se hospedaba el matrimonio y su nuevo bebé. Llevaba en sus brazos algo blanco —blanco como la lana.

ESTER: (Entra Ester llevando su cordero y se acerca a un lado del escenario donde se imagina está el cuarto de María y José.) He venido para adorarle, y le he traído mi pequeño cordero. (Sale como si entrara en el cuarto.)

NARRADOR: La madre sonreía al ver a la niña coja. Entonces, se levantó y puso al bebé en los brazos de la niñita.

ESTER: (Se oyen suspiros) ¡Oh! ¡Qué pequeñito! ¡Qué suavecitas son sus manos! Es tan pequeño. ¡Oh gracias, gracias!

NARRADOR: Unos días después, un mensajero vino al padre, José, y le dijo que llevara al bebé a Egipto porque un rey malvado quería hacerle daño. Así los tres, José, María y el bebé, huyeron de noche a la tierra lejana de Egipto. Y la luz de la estrella se reducía cada noche hasta que desapareció para siempre de los cielos encima de Belén. Pero la pequeña Ester crecía recta y fuerte y corría y saltaba y llegó a ser tan hermosa como los almendros en primavera. Toda la gente que le veía se maravillaba porque Ester, antes era coja.

(Entran Ester y sus padres. Ester salta y juega con sus padres.)

MAMA: ¡Oh hija mía, la luz de aquella estrella te ha sanado!

ESTER: No, mamá. No fue la luz de la estrella. Fue cuando apreté en mis brazos aquel pequeño niño llamado Jesús el día que le llevé mi corderito blanco. Fue Jesús mamá, fue él. Y lo quiero mucho, mucho.

(Se abrazan todos y salen cantando gozosamente)

OTRA VEZ, BELEN

Traducido por Carol Kammerdiener, de *Bethlehem. . . again?*,
por Sarah Miller.

Tres personajes: Hijo, madre, padre

HIJO: ¿Es verdad que Jesús vino a la tierra?

MADRE: Sí, hijo.

HIJO: (Después de una breve pausa.) Quiero decir, ¿como un bebé? ¿Un bebé de verdad?

MADRE: Sí.

HIJO: ¿En un pesebre de verdad?

MADRE: Sí.

HIJO: (Otra pausa) ¿Qué es un pesebre?

MADRE: Es un. . . bueno, es un lugar donde le dan de comer a las vacas.

HIJO: (Sorprendido) ¡Vacas! ¿Por qué tuvo que dormir en un pesebre? ¿Acaso no tenían camas en aquellos tiempos?

PADRE: (Deja de leer el periódico, enfadado) ¡Claro que tenían camas! Sigue con tus deberes, y déjame leer el periódico.

HIJO: ¡Ufa, está bien! (Pausa breve; luego en voz baja) ¿No había ni una sola camita para él? ¿Una camita pequeñita?

MADRE: José no pudo encontrar una. La ciudad estaba llena de gente. Ellos estaban usando las camas.

PADRE: Mamá, ¿no ves que cuanto más le contestes, más te preguntará? Déjalo terminar con sus deberes.

MADRE: Sí, querido. (Con su dedo en sus labios, mira al niño.)

HIJO: (Otra pausa) Sigo pensando que si realmente hubiesen intentado encontrarle una cama, la hubiesen conseguido. Un bebé es muy pequeño. ¿Es que nadie quiso ofrecerle su cama?

PADRE: (Tira el periódico; habla rápidamente; muy enfadado) ¡La ciudad estaba al tope! ¡Era la época de impuestos! ¡Y esa gente que venía a pagar sus impuestos estaba muy cansada, a lo mejor por contestar preguntas y más preguntas! ¡Y se habían acostado todos! Y habían pagado por esas camas con el dinero sobrante de los impuestos. ¡No quedó ni una sola cama en Belén! ¡Ahora, termina con tus deberes, y déjame leer en paz! (Sigue leyendo)

HIJO: ¡Ufa, está bien! (Después de un momento) ¿Tenían una estufa?

PADRE: (Bajando el periódico lentamente) ¿Qué dices?

HIJO: ¿Al lado del pesebre?

PADRE: Claro que no. ¿Has visto tú una estufa en un establo?

HIJO: Entonces, habrá pasado frío, ¿no?

PADRE: ¡Yo qué sé! Tal vez. El hecho es que sobrevivió. No me molestes más.

HIJO: ¡Ufa, está bien! (Pausa; después intenta hablar con su padre otra vez.) A lo mejor tenían un colchón. ¿Tú crees, papi? ¿Un colchón en el pesebre?

PADRE: (Sin hacerle mucho caso) No, paja.

HIJO: (Consternado) ¿Paja?

PADRE: (Dejando el periódico a un lado.) Sí, paja. Comida de vaca. En un pesebre donde comen las vacas. Es muy lógico tener paja allí.

MADRE: Papá. . .

HIJO: (Indignado) ¡Vaya manera de tratar a una persona que esperabas! ¡Con paja!

MADRE: Hijo, ellos no sabían que venía Jesús.

HIJO: Pues la maestra nos dijo que sí lo sabían.

MADRE: ¡Ah! Ellos sabían que vendría algún día, pero no sabían que llegaría esa noche. ¿Entiendes?

HIJO: (Dudoso) Supongo. . .

PADRE: ¿Piensas terminar con tus deberes esta noche?

HIJO: Ya terminé. (Cierra sus libros)

MADRE: ¡Bueno! A la cama. Dale las "buenas noches" a tu papá.

(Pasa a la página 39.)

EL RICO INSENSATO (Lucas 12:13-21)

Carol Kammerdiener y S. Dennis Hale

Cinco personajes: Dos chicos, un pastor, el rico insensato, y la voz de Dios

(Dos hermanos peleando y discutiendo en torno a un balón)

RODOLFO: ¡Es mío! ¡Es mío! ¡Dámelo! ¡Ladrón!

RAFAEL: ¡No! Lo encontré ayer. ¡Tú eres un embustero! ¡Suéltalo! ¡Es mío!

RODOLFO: ¡Papá! ¡Mamá! (Aparece un señor). Mira. Aquí viene el pastor de la iglesia. Se lo voy a decir.

RAFAEL: Pastor, dígale a Rodolfo que me devuelva mi balón. Es mío.

RODOLFO: No, pastor. Está mintiendo. ¡Es mío!

PASTOR: ¡Pero, muchachos! ¿Por qué se pelean? ¿No saben que no deben codiciar? Permítanme que les cuente una historia de la Biblia. Vengan conmigo.

(Empiezan a salir mientras el pastor narra su historia.)

PASTOR: (Fondo musical con música de la región) La historia se encuentra en el Evangelio de Lucas. Mientras Jesús enseñaba a la gente, un hombre le dijo: "Maestro, dile a mi hermano que parta conmigo la herencia que nos dejó nuestro padre." Jesús contestó: "Mucho cuidado amigos. No anden deseando exageradamente lo que no tienen. La vida no depende de la abundancia de los bienes."

A continuación, les contó esta historia: "Había un campesino muy rico que vivía en las afueras de Oviedo (Mencione el nombre del lugar donde se está representando este drama.) Tenía una finca muy fértil que producía excelentes cosechas y además tenía muchas vacas."

EL RICO INSENSATO: (Entra pomposamente). ¡Qué rico soy! Vaya cosecha este año. Los miserables vecinos míos —nada. No saben trabajar la tierra. Pero yo ni tengo donde guardar la comida. Tendré que mandar construir más graneros. Dos, tres, cinco, diez más. Hombre, ya tienes para muchos años —solo para ti. Ahora a descansar, a beber, a comer, a jugar el tute y pasarlo requetebien. No tienes que preocuparte de nada.

(Se recuesta sobre el escenario en postura relajada.)

LA VOZ DE DIOS: ¡Necioooooo!

EL RICO INSENSATO: (Asustado) ¿Quién es? ¿Quién habla?

LA VOZ DE DIOS: Soy la voz de Dios.

EL RICO INSENSATO: ¿Qué quieres de mí? ¡No hago mal a nadie!

LA VOZ DE DIOS: Necio. Esta noche morirás. Y todo esto que has acumulado egoístamente para ti, ¿de quién será?

EL RICO INSENSATO: (Echando la mano a la frente.) ¡Dios mío! ¡Dios mío! ¡Qué necio he sido! ¡Dios mío! (Desaparece).

(Entran otra vez el pastor y los muchachos —Rodolfo con el balón en la mano.)

PASTOR: ¿Se dan cuenta muchachos? Así es aquel que busca conseguir todo para sí y no comparte con nadie y menos con Dios. (Pausa breve) Hasta luego amigos.

RODOLFO: Oye Rafael. Este balón será para los dos. Tómalo.

RAFAEL: Sí. Es más divertido jugar que pelear. Vamos. Busquemos a los amigos para un partido de fútbol.

EL HIJO PRODIGO

S. Dennis Hale

Cinco personajes: Narrador, hijo, padre, dos amigos

NARRADOR: Un hombre tenía dos hijos, y el menor de ellos dijo a su padre.

HIJO: (Suben el padre y el hijo) Mira, viejo. Un día voy a heredar la mitad de tu dinero, ¿verdad?

PADRE: Sí, hijo, es verdad. Tú estás en mi testamento y cuando yo pase de este mundo, todo lo que tengo será repartido entre ti y tu hermano.

HIJO: Bien. Pero lo que pasa es que estoy aburrido de este lugar y aburrido de la vida. No quiero esperar hasta que mueras. Estoy harto de la granja —las vacas, los asnos, las gallinas, los campos, todo aquí me huele mal.

PADRE: (Interrumpiendo) ¡Pero, hijo! Todos aquí disfrutamos de todo esto. Te doy dinero. Tienes tiempo libre. Y además, aquí, todos nos queremos.

HIJO: No es eso. Es que yo quiero vivir la vida. ¡MI VIDA! Quiero ir a Oviedo (mencione el nombre de una ciudad importante de la región.) Allí, me dicen que se puede vivir, ¡pero que muy bien! Hay discotecas, chicas, cine, whiskey americano, y café irlandés. ¡AHHHHH! ¡Cómo se puede disfrutar de la vida en Oviedo!

PADRE: Pero, hijo mío. No hallarás felicidad en la ciudad. La felicidad es cosa del corazón. No depende de si vives en el campo o en la ciudad. Depende de si conoces a Dios —si vives en paz con tu Creador.

HIJO: ¡Basta ya, viejo! Dame la parte de la herencia que me toca. ¡Ahora!

PADRE: Como tú quieras, hijo mío. Pero quiero que sepas que siempre tendrás aquí un hogar.

HIJO: (El hijo besa a su padre muy ligeramente, y se va.)

NARRADOR: No muchos días después, juntándolo todo el hijo menor, se fue lejos a la ciudad de Oviedo.

HIJO: (Sube y baja, con chicas, y sin chicas como si estuviera bailando). A vivir, a bailar, a beber, a jugar. No me dijeron que había BINGO. A jugar. BINGOOOOOOO. Vaya chicas en minifaldas. . . y a fumar. . . ¡Wheeeeee!

NARRADOR: ¡Qué bien vivía el joven! Consiguió lo que quiso —pagándolo, claro. Derrochó todo su dinero y un día. . .

AMIGO: (Sube lentamente el joven en compañía de un amigo) Vamos, chico, otro juego de poker.

HIJO: (Triste) Ya no puedo. Se me está acabando el dinero. Ven conmigo. Te invito a un café.

AMIGO: ¡Café! Vamos al bar a buscar unas chicas.

HIJO: No puedo. No me quedan ni veinte pesos.

AMIGO: Pues, adiós, que disfrutes —del café.

NARRADOR: Y así, al joven le iban dejando sus amigos y compañeros. Cuando se le acabó el dinero, se le acabó el compañerismo —y se le acabó la felicidad que con ello había comprado. Y se fue a las afueras de la ciudad para buscar trabajo —¡y vaya trabajo que encontró!

HIJO: (Aparece con una gorra sucia y un pañuelo sucio en el cuello) ¡Puercos! ¡cerdos! ¡puercos! ¡cochinos! ¡Vaya como huelen! y yo con tanta hambre. ¡Qué bien comen los puercos y yo padezco de hambre!

NARRADOR: Y el joven tenía ganas de llenarse el estómago con las algarrobas que comían los cerdos, pero nadie le daba nada. Entonces se puso a pensar. . .

HIJO: ¡Oh, mis viejos tiempos en casa! ¡Cuántos trabajadores en la casa de mi padre tienen comida de sobra, y yo aquí me muero de hambre! Me voy a casa. Voy a pedir perdón a mi padre. Yo no merezco ser aceptado en casa. Traté muy mal a mi padre. Si me acepta solo como un trabajador más, esto me bastará.

NARRADOR: Entonces se puso en camino y regresó a la casa de su padre. Cuando todavía estaba lejos, su padre lo vio y sintió compasión de él. . .

PADRE: (El hijo y el padre se acercan de lejos). ¡Hijo mío! (corre) Has vuelto. Te quiero hijo. Haremos una fiesta. Vengan todos. Este hijo mío estaba muerto, y ha vuelto a vivir, se había perdido, y lo hemos encontrado. (Otros suben para regocijarse con el padre y el hijo.)

NARRADOR: (Dirigiéndose a los espectadores) Tú, que estás mirando, ¿eres acaso como este hijo? ¿Buscas la vida donde solo hay desperdicios y tristeza? Dios es el padre que espera a recibirte para darte la verdadera felicidad. Acércate a recibir una lectura sobre la vida que Dios te ofrece. Habla con uno de los pastores aquí. No te avergüences. No te asustes. No cuesta nada informarte. Ven. ¡Ven con nosotros!

(Viene de la página 34.)

HIJO: (Abraza a su padre) Buenas noches, papi.

PADRE: Buenas noches, hijo.

HIJO: (Abraza a su madre) Buenas noches, mamá.

MADRE: Buenas noches, cariño.

HIJO: (Da unos pasos; luego vuelve a sus padres) ¿Mamá, papi? (Pausa) La maestra nos dijo que Jesús volvería algún día. (Pausa) Si. . . viene esta noche, dile que puede dormir en mi cama. (Sale)

(Padres se miran un momento. Salen)

RELIGION: CAMINO EQUIVOCADO

Angel Torrijos, S. Dennis Hale y Carol Kammerdiener

Tres personajes: Marta, César, un pastor (títere o real)

(Entran Marta y César)

MARTA: ¡Hola, César! ¿A dónde vas?

CESAR: A dar una vuelta, ¿vienes?

MARTA: No. Hoy es domingo, y voy a mi iglesia —la iglesia evangélica.

CESAR: ¡Va! La religión es muy aburrida.

MARTA: No he dicho que voy a una clase de religión. Tengo una cita con Dios.

CESAR: ¿Una cita con Dios? ¡Bah! Nadie ha visto a Dios.

MARTA: Tú crees en Dios, ¿verdad?

CESAR: ¿Cómo voy a creer en algo que nunca he visto?

MARTA: ¡Qué tonto eres! ¿Tú crees en el aire?

CESAR: Pues. . . sí. . . y (interrumpe Marta). . .

MARTA: Y no lo puedes ver. ¿Tú crees en el dolor?

CESAR: Pues. . . sí. . . pero (interrumpe Marta). . .

MARTA: Y no lo puedes ver. ¿Tú crees en el amor?

CESAR: Pues. . . sí. . . (interrumpe Marta). . .

MARTA: Y no lo puedes ver ¿Por qué no creer en Dios?

CESAR: Bueno. Puedes tener razón. Pero yo puedo sentir el aire, y sé cuando me duele algo; y tú me estás dando un dolor de cabeza ahora mismo.

MARTA: Pues yo puedo sentir la presencia de Dios en mi vida.

CESAR: ¿Qué te da tu Dios que yo no tengo?

MARTA: César, ¿tienes paz con tus semejantes? ¿Amas a tus enemigos? ¿Eres totalmente feliz?

CESAR: Bueno. Pues no, no, y no.

MARTA: Pues yo sí. Dios me ha dado paz, amor, y felicidad —un camino de vida abundante.

CESAR: Esto no me suena a religión.

MARTA: No es religión. Es vida. Vaya. Allí viene mi pastor ¿Quieres conocerlo?

CESAR: Sí, pero no lleva ropa de cura.

MARTA: No es un cura. Es un pastor evangélico. ¿Por qué no le preguntas lo que quieres saber?

PASTOR: (entra el pastor) Hola, chicos.

MARTA: Hola, pastor. Este es mi amigo César. Estamos hablando sobre la religión y la vida, y sobre curas y pastores. ¿Podría explicarnos esas cosas?

PASTOR: ¡Cómo no! La religión es lo que una persona hace para llegar a Dios. . . ritos, ceremonias, obras, penitencias, etc. La fe cristiana tiene que ver con lo que Dios hace para llegar al hombre. Bajó al mundo en forma de hombre —el hombre, Jesucristo.

CESAR: ¡Oh! Ya lo veo. El hombre sigue con sus ritos y cosas raras porque no ha llegado a Dios.

MARTA: Exactamente.

PASTOR: Y los verdaderos cristianos son aquellos que han recibido en sus corazones a Dios, quien vino a ellos.

CESAR: Bueno. Estoy comprendiendo la verdad.

PASTOR: Ahora, sobre la otra pregunta. Yo no soy cura, pero sí, algo semejante. Soy líder espiritual de mi iglesia, y estoy casado —como Dios manda— y tengo tres hijas. Oye. ¿Por qué no vienes a nuestra reunión esta tarde y verás lo que hacemos y enseñamos?

MARTA: (Señalando al público) ¿Y todas esas personas, también?

PASTOR: Sí, todas. El mundo tiene demasiadas religiones. Lo que necesita es nueva vida. Vengan todos. Bueno. ¡Adiós, Cesar y Marta! Tengo que irme.

MARTA: ¡Adiós, pastor!

CESAR: ¡Adiós, pastor! ¡Que hombre más simpático! (salen)

LOS MUERTOS QUE VIVEN

Carol Kammerdiener y S. Dennis Hale

Tres personajes: Rafael, Rodolfo, un pastor (títere o real)

RAFAEL: (Hablando consigo mismo) ¿Por qué lo hice? ¡No lo puedo creer! ¡Qué burro que soy! ¿Por qué lo habré hecho?

RODOLFO: (Entra) ¿Qué te pasa, hombre? ¿Por qué hiciste qué cosa?

RAFAEL: ¡Pecar! Eso es lo que hice.

RODOLFO: ¡Qué tonto eres! La Biblia dice que todo el mundo ha pecado.

RAFAEL: ¿Todo el mundo? ¿Todos? ¿Toda esa gente? (señala al público)

RODOLFO: Sí, toda esa gente, que nos está mirando, son pecadores.

RAFAEL: ¿Y el pastor también?

RODOLFO: Allí está. Tú mismo puedes preguntárselo.

RAFAEL: Hola, pastor. Estamos hablando del pecado. Y Rodolfo me dice que todo el mundo ha pecado, incluyendo a usted. ¿Es verdad?

PASTOR: (Abriendo su Biblia, la lleva donde Rafael la puede ver.) Rodolfo tiene razón. Y además, lo dice aquí en la Biblia: "Todos pecaron y están separados de la gloria de Dios," y "La paga del pecado es la muerte."

RAFAEL: ¡Muerte! ¿Todos vamos a morir a causa del pecado?

PASTOR: Sí y no.

RODOLFO: ¿Sí y no? ¿Cómo puedes morir y no morir al mismo tiempo?

PASTOR: Jesús dice en el Evangelio: "Yo soy la resurrección y la vida; el que cree en mí, aunque esté muerto vivirá."

RAFAEL: ¿Y cómo es esto? No lo entiendo.

PASTOR: Escucha entonces lo que dice aquí: "Mas Dios muestra su amor para con nosotros, en que siendo aún PECADORES, Cristo MURIO por nosotros." Cuando el Hijo de Dios, el Señor Jesucristo, murió en la cruz del Calvario hace 2000 años, lo hizo en nuestro lugar. ¿Comprendes?

RAFAEL: Lo voy captando.

RODOLFO: Yo también comprendo. Todos estos pecadores aquí están salvos.

PASTOR: Sí y no. Depende.

RODOLFO: Otra vez con el "sí y no." ¿Cómo se puede ser salvo y no ser salvo?

PASTOR: Es así. Dice Jesús en el evangelio: "El que oye mi palabra y cree al que me envió, tiene vida eterna; y no vendrá a condenación, mas ha pasado de muerte a vida" (Juan 5:24). Para ser salvo, pasar de la muerte espiritual a la vida abundante, tienes que creer en Jesucristo, y aceptarlo como Salvador personal. No depende de nuestras buenas obras sino de la obra de Jesús en la cruz.

RAFAEL: Esto, ¿lo tienes por escrito?

RODOLFO: ¡Tonto! ¿No lo viste en la Biblia cuando se estaba leyendo?

PASTOR: Sí. Lo tengo por escrito, aquí (alza la Biblia) y lo tenemos por escrito en unas hojitas más pequeñas. (Lo ofrece a los títeres.)

RAFAEL: Gracias. Pero. . . (pausa)

RODOLFO: (Interrumpiendo la pausa) Ahora, ¿pero. . . qué?

RAFAEL: Que tal vez, esa gente simpática, ¡lo querrá tener por escrito también!

PASTOR: Muy bien. Tenemos para todos.

(Los encargados comienzan a repartir el Evangelio de Juan o algún otro folleto apropiado.)

LIBRO SIN PALABRAS*

S. Dennis Hale

Tres personajes: Rafael, Rodolfo, un pastor real

RAFAEL: Mira lo que he encontrado. (Alza un libro)
RODOLFO: ¿Qué es?
RAFAEL: Es un libro bonito.
RODOLFO: Vaya libro. No tiene palabras.
RAFAEL: Pues será un libro para la gente que no sabe leer.
RODOLFO: ¡Qué vá! No tiene dibujos. ¿Qué clase de libro es ese que no tiene ni dibujos ni palabras? Vamos a preguntárselo al pastor Dionisio.
RAFAEL: Sí, él sabe todo. Seguro que lo sabrá. Allí está.
RODOLFO: Pastor, pastor.
PASTOR: Hola, muchachos. ¿Qué quieren?
RAFAEL: Hemos encontrado un libro que no tiene palabras. Es bastante lindo, pero no sabemos lo que significa.
PASTOR: (Acercándose para examinar el libro.) Sí, es un libro interesante. Hay uno igual en la bibilioteca de la iglesia. ¿Quieren saber lo que dice?
RAFAEL Y RODOLFO: Sí, sí. Léalo, léalo.
PASTOR: Muy bien. Tú ábrelo y da vuelta las páginas y yo lo leeré.
(El pastor va explicando el libro mientras los títeres expresan su sorpresa, comprensión, etc. Termina ofreciendo un libro sin palabras a los niños. Después, con la ayuda de los títeres, repasa el libro con los niños.)
(Los títeres cantan "Dios Es Amor" y guían a los niños en lo mismo.)

---

*Se refiere a un librito utilizado por una organización mundial para la evangelización de los niños.

ZAQUEO

Suzanne Castro, Lisa Hale y Kristy Hale

Dos personajes: Una serpiente y un hombre

(La escena comienza con Zaqueo subido a un árbol y, un poco más arriba, la serpiente.)

ZAQUEO: ¡Ay! ¡Qué emoción! Voy a ver a un maestro de quien todos hablan. Dicen que es muy sabio y es de Nazaret. Creo que le llaman Jesús, el Cristo.

SERPIENTE: ¿Quién eres tú?

ZAQUEO: Soy Zaqueo, el cobrador de impuestos (o funcionario de hacienda) del César.

SERPIENTE: ¡Ah! Zaqueo —tú eres aquel que todos ODIAN.

ZAQUEO: Sólo hago mi trabajo.

SERPIENTE: Sí, tú cobras más de lo debido.

ZAQUEO: Con tal de que el César tenga lo suyo, si me quedo con un poquito más, nadie se enterará. . .

SERPIENTE: ¡Ja! (pausa). . . ¿Y qué haces tú aquí en mi árbol?

ZAQUEO: Eh, bueno . . es que quiero ver a Jesús . . . y con esta multitud . . . pues . . . es que . . . soy un poquito bajo. (Pausa mientras la serpiente le mira de arriba a abajo), . . . bueno . . . bastante bajo . . . (la serpiente le mira incrédulamente) . . . bueno, bueno . . . soy BAJISIMO. Nunca jugué al baloncesto en el colegio. Todas las chicas me llamaban renacuajo o peor, TAPONCITO.

SERPIENTE: Sí, y seguro que tienes que usar una banqueta para besar a tu mamá.

ZAQUEO: Pues . . . a decir la verdad, SI. (Mira abajo y mira otra vez asombrado). ¡Mira! Allí está . . . viene hacia aquí . . . me- me- me- está mirando . . . ¿a MI? . . . ¿Cómo dice, Señor?

SERPIENTE: (Susurra) Que bajes.

ZAQUEO: ¿Que baje? ¿Cómo sabía . . . cómo sabía que estaba aquí subido . . . , Señor? . . . ¿Que usted quiere ir a mi casa? ¿Que quiere ir a comer conmigo? . . . No tengo nada preparado. No soy digno de que entre usted en mi casa. . . . Bueno, si insiste . . . (baja y se va).

NARRADOR o un cartel: Unas horas más tarde. . .

ZAQUEO: (vuelve donde está la serpiente) ¡Vaya! ¡Qué maestro más sabio! He encontrado la verdadera felicidad. Me ha perdonado todo lo malo. Soy un hombre nuevo.

SERPIENTE: ¿Cómo puedes cambiar lo que has hecho?

ZAQUEO: No puedo cambiar el pasado pero voy a devolver todo lo que he robado —cuatro veces más.

SERPIENTE: ¿Y por eso estás perdonado?

ZAQUEO: ¡No, no, no! Claro que no es por mis obras, sino por mi FE. Y por mi amor por Cristo, yo QUIERO hacer el bien. Bueno, tengo que irme, amigo, tengo muchísimas cosas que hacer.

SERPIENTE: (al público) Lo que han visto era una historia real. Por medio de Cristo, Zaqueo encontró gozo, paz y alegría. ¡qué hombre tan cambiado! Nunca hubiese pensado que todo esto podría ocurrir a un hombre —y menos a Zaqueo. Y, fíjate, todo ocurrió en MI árbol.

EL BUEN GITANO*

Carol Kammerdiener, S. Dennis, Lisa y Kristy Hale

Ocho personajes: Narrador, Samuel, un médico, un político, un ciudadano, un gitano, dos ladrones

NARRADOR: Un día, un religioso quiso poner a prueba a Jesús y le hizo la siguiente pregunta: —Maestro, ¿qué tiene que hacer un hombre para ir al cielo?

—¿Qué dice la ley de Moisés? —le respondió Jesús.

—Bueno, la ley dice: —amarás al Señor tu Dios con todo tu corazón, alma, fuerzas y mente, y a tu prójimo como a ti mismo.

—Perfectamente —le dijo Jesús—. Haz esto y vivirás eternamente.

El hombre, queriendo justificar su falta de amor hacia cierto tipo de personas, preguntó: —¿Y quién es mi prójimo?

—Pues, mira —le respondió Jesús— En cierta ocasión, un hombre se dirigía de ___________ a ___________ . . .

SAMUEL (Entra cantando. Al extremo del escenario, hay un arbusto y dos ladrones escondidos detrás. Cuando Samuel se acerca, cae debajo del arbusto rápidamente, y los ladrones le atacan y hay lucha. Samuel queda tendido sobre la cortina.)

NARRADOR: Dio la casualidad que un médico pasó por allí.

MEDICO: (Ve a Samuel y se echa atrás.) ¡Qué mala suerte, hombre! Contusiones. Posible conmoción cerebral. (Em-

*Nota: Este drama presenta a dos grupos (gitanos y payos) de diferentes culturas de España. Sugerimos que en cada región se busquen personajes de culturas o zonas antagónicas para representar este drama (los Editores).

pieza a salir pero antes de desaparecer). Lástima, no puedo hacer nada. Estoy de huelga. (Sale)

NARRADOR: Pasó también un político.

POLITICO: (ve a Samuel y da un discurso al público) ¿Cuándo va a terminar este terrorismo? Cuando yo salga electo, voy a acabar con este crimen callejero. Vengan todos a escuchar el discurso que voy a pronunciar ahora mismo en el _____________ . (Mira su reloj y sale corriendo.)

NARRADOR: Pasó por allí un distinguido ciudadano.

CIUDADANO: ¡Pobrecito! ¡Vaya, por Dios! ¿Qué te ha pasado? Ya veo. No puedes hablar. Pobre infeliz. Que Dios te ampare. Yo no puedo. Tengo que ir a la iglesia para decir mis oraciones. (Sale.)

NARRADOR: Por fin, pasó un pobre gitano.

GITANO: (Entra cantando). ¡Oye, hombre!, ¿qué te ha pasado, payo? (Lo mira bien para ver cómo lo puede ayudar.) Vamos, hombre, ¡Upa! Te llevaré a la casa de socorro y te curarán. Pero antes, a ver si podemos vendar un poco estas heridas.

NARRADOR: Oye, buen gitano, ¿por qué te has parado? ¿No tienes prisa como los demás?

GITANO: Sí, tengo prisa. Tengo que ir al mercado (Fontán). Aquí, no vendo nada.

NARRADOR: Y, ¿por qué ayudas a un payo? Te desprecian.

GITANO: Porque es un ser humano y es mi prójimo. Dios le ama y yo también. (Salen. Samuel cojeando.)

NARRADOR: ¡Oíd, amigos! ¿Quién de los cuatro que pasaron por el camino se comportó como un verdadero prójimo con la víctima de los bandidos? (Espera la respuesta del público y repite la pregunta.)

PUBLICO: El gitano.

NARRADOR: ¡Muy bien! Jesús dice que todos deberíamos ir y hacer lo mismo.

SAMUEL Y EL GITANO: (Entran abrazados cantando: "Amor, amor, amor, amor" y luego, si lo desean, lo pueden enseñar al público.)

50

NO ROBARAS

Francisco Márquez, Carol Kammerdiener y S. Dennis Hale

Cinco personajes: Manolo (el padre), Rafael (el hijo), la madre, Satanás, un ángel

MANOLO: Esto ya es insoportable. No puedo más con este hijo. Me va a matar a disgustos. Tengo el hígado hecho pedazos. Es un sinvergüenza. Ladrón. ¡Rafael, ven aquí inmediatamente!

RAFAEL: (Entra Rafael) ¿Qué quieres, viejo?

MANOLO: Me han llamado del colegio para decirme que tomaste unos lápices que no eran tuyos. Los vas a devolver enseguida, o antes, si es posible.

RAFAEL: ¡Mentira ¡Yo no robé nada!

MANOLO: ¿Te atreves a negarlo, caradura?

RAFAEL: No voy a devolver nada.

MANOLO: ¿Que no? Mira que te voy a dar una paliza.

RAFAEL: No devuelvo nada hasta que tú devuelvas... Adiós, viejo. (Rafael se marcha)

MANOLO: ¡Malcriado! ¡Irrespetuoso! ¡Ay, mi hígado! (escándalo).

MADRE: (Entra la esposa) ¿Por qué gritas, Manolo? ¿Por qué tanto escándalo?

MANOLO: Ese muchacho, ¡le voy a pegar, lo voy a colgar, le voy a romper algo!

MADRE: Cuidado, a mi nene no le vas a hacer nada.

MANOLO: ¿Tu nene? Que se pasa la vida llamándome viejo y no me tiene ningún respeto.

MADRE: Eso no es verdad. No es cierto.

MANOLO: ¿Sabes lo que ha pasado? Robó unos lápices de colores del colegio. Le ordené que los devolviera y ha dicho que no ha de hacerlo hasta que yo devuelva... ¿Devuelva qué?

MADRE: Hasta que devuelvas esos materiales que trajiste del taller, que no te pertenecen.

MANOLO: Mentira. Yo no robé nada.

MANOLO: ¿Te atreves a negarlo, caradura?

MANOLO: Lo único que me faltaba. ¡Primero mi crío y ahora mi mujer!

MADRE: Tú reprochas a mi nene, cuando el ejemplo se lo has dado tú. Además, un día te van a pillar y te unirás a los desocupados; y quizá irás a la cárcel. (La esposa se marcha)

MANOLO: (Pensativo) A la cárcel. . . ¿será posible? (Entran el diablo y el ángel, uno a cada lado y se acercan a Manolo.)

ANGEL: Sí, ¿te acuerdas de Pepe? Seis meses. Tienes que devolver lo que robaste.

SATANAS: Eh, Manolo. Esto no lo puedes consentir. El hombre es el hombre. Primero te manda tu mujer y ahora este santurrón.

MANOLO: Es que robé.

SATANAS: ¡Pero todo el mundo roba! Si tú no te aprovechas de ellos, ellos se aprovecharán de ti.

ANGEL: Hay un mandamiento que dice: "No robarás."

SATANAS: Esa onda ya ha sido superada.

ANGEL: Date cuenta, Manolo, que no te pueden subir el sueldo a causa de las pérdidas por las sustracciones en el negocio. Además, tú nunca ganarás el respeto de tu hijo si tú robas y mientes mientras le exijas a tu hijo que haga lo que tú no estás dispuesto a hacer.

SATANAS: No hagas caso, Manolo. ¡No le hagas caso!

ANGEL: Si no devuelves lo robado, ese diablo te va a llevar al infierno.

SATANAS: Ahora mismo me lo llevo. (Trata de llevarlo. Manolo se desprende).

MANOLO: Déjame, Satanás. Voy a devolver lo robado para que mi hijo me respete y no se haga un ladrón. (Se van Manolo y el Angel.)

SATANAS: (Desesperado) Rayos y truenos. Otra vez salieron con la suya. Tengo el hígado hecho pedazos. ¡Qué asco! (Sale furioso.)

52

SOY EVANGÉLICO

Carol Kammerdiener y la familia Hale

Cuatro personajes: David, Javier, Ester, Carmen

DAVID: Oye, Javier, tú eres uno de esos protestantes, ¿no?

JAVIER Sí, pero preferimos llamarnos evangélicos.

ESTER: Tú quieres decir evangelista, ¿no?

JAVIER: No, quiero decir evangélico.

CARMEN: ¿Y qué significa la palabra "evangélico"?

JAVIER: Ser evangélico significa que creemos, vivimos y anunciamos el evangelio del Señor Jesucristo.

DAVID: Pero ustedes no creen en la virgen María.

JAVIER: Claro que sí. Nuestro Señor nació de la virgen María. Pero no tenemos imágenes de la virgen en nuestras iglesias.

ESTER: Y los santos, ¿qué?

JAVIER: Pues tampoco los tenemos en nuestras iglesias. El segundo de los Diez Mandamientos dice: "No te harás imagen. . ."

CARMEN: ¡Vaya! ¡Qué iglesia más sosa! Sin vírgenes, sin santos, sin Dios. . .

JAVIER: ¡Qué va! Dios está allí. El dice en la Biblia: "Donde dos o tres están reunidos en mi nombre, allí estoy yo." Dios es espíritu y debe ser adorado en espíritu.

DAVID: Si no tienen ni a la virgen, ni los santos, ¿qué hacen en vuestra iglesia?

JAVIER: ¡Puf! Hacemos muchas cosas. Cantamos, oramos, estudiamos la Biblia. . .

ESTER: ¿Y qué más?

JAVIER: Predicamos el evangelio. El evangelio significa que Dios nos amó tanto, que ha enviado a su Hijo Jesús para morir en la cruz por nuestros pecados.

CARMEN: ¿Y eso es todo?

JAVIER: ¡No, no! Jesús resucitó al tercer día.

CARMEN: ¿Y nada más?

JAVIER: No, si creemos en Jesús como nuestro Salvador, Dios nos perdona y nos da vida eterna.

DAVID: ¿Nos perdona de qué? Si no he hecho nada malo. No robo, no mato, no hago mal a nadie. . .

ESTER: (Interrumpiendo): ¡Mentiroso! ¡Tú me pegaste ayer!

DAVID: Sí, pero tú lo merecías.

CARMEN: ¿Y qué me dices del otro día cuando arrojaste una piedra a mi perrito?

DAVID: Bueno. . .

ESTER: Y el otro día te vi copiando en el examen.

DAVID: (Sorprendido): ¡No se lo vas a decir al. . .!

JAVIER: ¿Ves? Todos somos pecadores. Y cuando aceptamos a Cristo, Dios nos perdona. Y Cristo entra en nuestras vidas.

ESTER: ¿Entra en nuestras vidas? ¿Para qué?

JAVIER: Pues precisamente para ayudarnos a vivir como un cristiano debe vivir. Nos da paciencia, y nos ayuda a amarnos los unos a los otros.

DAVID: Los protestantes. . .

CARMEN: (Interrumpiendo): Protestantes, ¡no! ¡Evangélicos!

DAVID: Bueno. Los evangélicos, pues, creen buenas cosas. ¿Podemos ir a una iglesia evangélica para ver cómo es?

JAVIER: Claro. Vengan a la Iglesia Bautista conmigo. Son casi las siete, y tenemos culto ahora. Vamos.

DAVID, CARMEN Y ESTER: Mamá, papá. Vamos a la Iglesia Bautista con Javier. Hasta luego. (Salen).

LA VENTANA ROTA (LA MENTIRA)

Angel Torrijos, S. Dennis Hale y Carol Kammerdiener

Cinco personajes: Dos niños (Valentín y Carlos), don Cándido, Satanás, un ángel

(Entran dos niños discutiendo sobre la rotura de un cristal.)

VALENTIN: ¿Por qué rompiste el cristal de la ventana?

CARLOS: Fue un accidente. La piedra se me fue de la mano. No fue mi intención romperlo.

VALENTIN: Te has metido en un buen lío. ¿Tienes con que pagarlo?

CARLOS: Hombre, no. Tengo dinero pero NO pienso pagarlo. No me vio don Cándido, y además no tiene pruebas. Voy a contarle un cuento. . .

VALENTIN: Pues prepárate, porque allí viene don Cándido Yo me voy (Sale)

CARLOS: Sí, viene. ¡Qué mala cara pone! ¿Qué le voy a contar? (Empieza a silbar.)

DON CANDIDO: (Entra don Cándido) Oye, Carlitos. Ven aquí un momento. Quisiera hacerte unas preguntas.

CARLOS: (Sospechoso) Hola, don Cándido.

DON CANDIDO: ¿Sabes que me han roto el cristal de una ventana de la librería?

CARLOS: ¡Ooooh! ¡Yo no lo sabía!

DON CANDIDO: Sí, y con una piedra. ¿Sabes tú, por casualidad, quién podría haber sido?

CARLOS: No lo sé. Antes andaba por allí Valentín con una piedra en la mano.

DON CANDIDO: (Pausa. Mirándole fijamente.) Después ha-

blaré con Valentín. Si lo ves, dile que pase por la librería.
Hasta luego. (Sale)

CARLOS: (Riéndose) ¡Qué listo soy!

(Entran el ángel y el diablo)

SATANAS: Bien dicho, muchacho. Has salido con la tuya.

ANGEL: Carlos, la Biblia dice: "No mentirás."

SATANAS: Carlos, pasemos de este rollo. ¿No ves que te quieren lavar el cerebro?

CARLOS: (Hablando con el diablo.) Sí, fue un accidente. No lo hice a propósito.

ANGEL: No solo has roto el cristal de la ventana, sino lo que es peor, lo has negado a don Cándido, y encima, has culpado a tu mejor amigo. Debes decir la verdad.

SATANAS: No le hagas caso a ese santurrón. ¿No sabes lo duro que es don Cándido? Te hará pagar hasta por las narices. Te pegará. Se lo contará a tus padres. Y ellos te darán otra paliza.

CARLOS: (Con miedo.) Es verdad. No lo puedo admitir.

ANGEL: Carlos, la Biblia dice claramente: "No dirás falso testimonio. No mentirás." ¿Qué le dirás a Valentín? ¿Y qué le dirás a don Cándido cuando descubra la verdad? ¿Cómo se lo vas a explicar? ¿Con otra mentira?

SATANAS: ¡Claro! La mentira es muy fácil de inventar. Es mi especialidad.

CARLOS: (Afirma lo que dice el diablo con su cabeza).

ANGEL: Carlos, ¿te gustaría mentir toda la vida? ¿No sabes que te van a descubrir tarde o temprano? Perderías la confianza de la gente y perderías a tus amigos.

CARLOS: No había pensado en esto. Pero es que don Cándido estará rabioso.

SATANAS: ¡Te matará! ¡Te matará! ¡Es un diablo!. . . (Cubriendo la boca si es posible) ¡Qué he dicho!

ANGEL: Dile la verdad, que fue un accidente, y que tú lo sientes. Don Cándido es un hombre bueno. Te aseguro que no te va a matar.

CARLOS: Sí, tengo que decir la verdad, antes de que se entere Valentín. (Salen Carlos con el ángel.)

SATANAS: ¡Rayos y truenos! Estoy hasta las narices con la

Biblia. . . (en tono de burla) "¡no mentirás!, no dirás falso testimonio". . . Oye, es más fácil mentir. . . (al público) ¿Verdad? ¡Aahh! Pero, ¡qué digo! (sale)
(Entran Carlos y don Cándido hablando)

CARLOS: . . .y lo siento mucho, don Cándido. Fue un accidente. Siento haberle mentido. Tengo mis ahorros. Quiero pagarle el cristal de la ventana.

DON CANDIDO: Carlos, ya sabía que tú lo habías roto. Pero quería oírte a ti decir la verdad. No tienes que pagarlo. Yo te perdono porque has dicho la verdad. La Biblia nos enseña que debemos decir siempre la verdad. (sale)
(Entra Valentín)

VALENTIN: ¿Se ha enterado el viejo de lo del cristal de la ventana?

CARLOS: Sí, se lo he dicho yo, y que lo hice yo.

VALENTIN: ¿Y te pegó? ¿Se lo contó a tus padres?

CARLOS: No, me perdonó por haberle dicho la verdad. Yo me siento la mar de bien. Valentín, deberíamos decir siempre la verdad. (Salen juntos.)

NUESTRO PRIMER ANIVERSARIO EN EL FONTAN

Tres a cinco personajes: Varios títeres nuevos, el pastor

MARIONETAS ORIGINALES: (Entran cantando "Cumpleaños Feliz")

PASTOR: (Interrumpiendo) ¡Oye! ¿Quién tiene un cumpleaños hoy?

MARIONETA: (Nombra a un titiritero) ¡Susana! Pero no estamos cantando para ella. (Comienzan otra vez) Cumpleaños feliz. . .

PASTOR: (Interrumpiendo) ¡Espera! Si vais a cantar esa canción, debo saber quien ha cumplido años.

MARIONETA: ¿Tú no sabes?

PASTOR: ¿Cómo voy a saberlo? (Se dirige al público) ¿Ustedes lo saben?

MARIONETAS: Riéndose.

MARIONETA: ¡Pero, pastor! Tú debes saber que día es hoy. Es un día muy importante. Es un día muy especial.

OTRA MARIONETA: Pastor, hoy es. . .

TODAS JUNTAS: (desplegando el cartel) ¡Nuestro primer aniversario en El Fontán!

PASTOR: ¡Qué tonto soy! ¡Cómo pude olvidarlo! Oye, ¿puedo haceros unas preguntas?

MARIONETAS: ¡Sí!

PASTOR: ¿Por qué venís todos los domingos a El Fontán? ¿Les pagan algo?

MARIONETAS: ¡No! ¡Eso no!

PASTOR: Entonces, ¿por qué?

MARIONETA: Porque nos gusta ver a la gente sonriente.

OTRA MARIONETA: Es porque nos gusta contar historias acerca de Jesús y la Biblia.

OTRA MARIONETA: Y nos gusta cantar y hablar con los niños.

OTRA MARIONETA: Y hoy es un día especial y vamos a celebrar. Adivina ¿a quienes tenemos con nosotros hoy?

PASTOR: ¿Qué sé yo? Tenéis tantos secretos.

MARIONETA: Nos han llegado desde muy lejos unos nuevos compañeros muy simpáticos.

PASTOR: Pues, que vengan. Queremos verlos.

MARIONETA: Paciencia.

PASTOR: (Guía un coro de niños) ¡Que vengan! ¡Que vengan! ¡Que vengan!. . .

(Las marionetas originales presentan a las nuevas, primero mamá y el nuevo chico, después a Rodolfo y Rafael. . . Entonces los dos cómicos presentan al perro y después comienza la función.)

TODAS LAS CRIATURAS DE DIOS

Suzanne Castro, S. Dennis Hale

Personajes: Ganso, conejo, sapo, oveja, perro, monstruo y Rafael.

(El conejo entra y empieza a saltar ligeramente de aquí para allá como si estuviera comiendo. Después de un rato entra el ganso a espaldas al conejo. Vuelve y ve al conejo. Grita de susto y toca su bocina.)

GANSO: ¡Qué susto! ¿Quién. . . quién. . . qué eres tú?

CONEJO: Soy un conejo. Que es lo más normal. ¿Qué eres tú?

GANSO: ¿Normal? ¿Tú? ¿Con esas orejas? ¿Y cómo puedes nadar con esas patas tan chiquitas?

CONEJO: Claro que soy normal. Con mis orejas tan largas y bonitas. Y tú no tienes ninguna. Y mi nariz es tan pequeña y linda mientras la tuya suena como la bocina de un barco.

GANSO: No te burles de mi nariz. Porque lo que estás mirando no es mi nariz sino mi hermoso pico. ¡Jonk! ¡Jonk! ¡Cómo suena!

CONEJO: Es la cosa más fea que he visto en toda mi vida. Y no aguanto ese ruido infernal. Me voy.

GANSO: Yo también.

(Entra la oveja por un extremo pastando. Por el otro extremo entra el sapo saltando. Los dos, al verse, se asustan mutuamente.)

OVEJA: ¿Qué, en toda la creación de Dios, es este "coso" verde, flaco, asqueroso, feo. . . (Interrumpe el sapo)?

SAPO: Perdone usted. ¿Se refiere a mí? ¿Globo de algodón?

OVEJA: ¿Algodón? Mira, astilla verde. Yo no soy algodón. Soy pura lana virgen. Cuidado con la lengua.

SAPO: Lengua. . . sí, lengua. ¿Qué estas comiendo con la tuya?

OVEJA: Hierba. Como todo el mundo. Hierba fresquita, dulce, ¡qué rica ensalada que Dios me prepara todos los días!

SAPO: ¡Qué aburrido! ¡Qué poco alimento! ¿Cómo puedes solo comer hierba?

OVEJA: Pues, yo creía que todo el mundo comía hierba. ¿Qué comes tú?

SAPO: Moscas. (Hace como si pescara y comiera una). ¡Qué rica proteína! Y los domingos; mosquitos a la plancha. Y gusanos, langosta en dos salsas, grillos, hormigas, mariposas, chinches, piojos, escarabajos, ovejas (la oveja da un suspiro). . . digo abejas, y cucarachas. Se me hace agua la boca.

OVEJA: ¡Qué asco! ¡Qué bárbaro! ¡Qué falta de cultura culinaria! No puedo seguir aquí junto a una raza tan baja. No lo soporto. (Se marcha.)

SAPO: (Hace señas de no entender y se marcha también.)

MONSTRUO: (Entra el monstruo cantando una melodía alegre.)

PERRO: (Entra el perro ladrando.)

MOSTRUO: ¡Oye, mal educado! ¿No puedes ver que estoy cantando?

PERRO: Pues, yo también. . . con tu permiso.

MOSTRUO: ¿Cantando tú? Me parecían ladridos. Vulgares ladridos.

PERRO: Pues, lo tuyo es lo más feo que he oído en todos mis años. Tú eres forastero. Nosotros, los perros, cantamos así. (Comienza a ladrar otra vez.)

MONSTRUO: Pues, nosotros, los monstruos cantamos así. (Canta) "¡Qué guapo soy! ¡Qué guapo soy! Me hizo Dios. ¡Qué guapo soy!"

PERRO: ¡Feo!

MONSTRUO: ¡Hermoso!

PERRO: ¡Feo!

RAFAEL: (Entra Rafael) ¿Qué pasa aquí?

MONSTRUO: Pues, ese perrrro. . . me dice que está cantando cuando solo son ladridos.

RAFAEL: Es solo diferente. No es feo por ser diferente. A los ojos de Dios todos son hermosos y especiales.

GANSO: ¿Yo?

RAFAEL: Sí, tú.

CONEJO: ¿Y yo?

SAPO: ¿Y él? (Mirando hacia abajo).

OVEJA: (Sube la oveja).

RAFAEL: Sí, todo el mundo. Chinos, y africanos, y gitanos, y payos, —Dios hizo a todos diferentes y a todos muy hermosos. Y Dios ama a cada uno por igual.

(Todos cantan:)

> Jesús ama a cada uno, cada uno, cada uno.
> Jesús ama a cada uno, Jesús ama a todos.
> Ama a mi padre, ama a mi madre.
> Ama a todos mis hermanos.
> Te ama a ti, me ama a mí.
> Jesús ama a todos.

(Salen todos menos RAFAEL: quien dirige los niños a cantar otra vez la canción.)

EL FUMADOR

Tres personajes: Rafael, Rodolfo, un pastor (títere o real)

RAFAEL: (Entra y mira alrededor para ver si alguien lo ve. Entonces empieza a fumar. Tose un poco pero sigue. No mira al público.)

RODOLFO: (Entra y le sorprende) ¡Oye! ¿Qué haces?

RAFAEL: (Sorprendido, intenta esconder el pitillo). ¡Oh! ¿Por qué no avisas cuando entras?

RODOLFO: (Se asoma de un lado al otro viendo el humo). Oye Rafael, tú estás fumando, ¿verdad?

RAFAEL: Es asunto mío.

RODOLFO: Mal asunto digo yo. ¿Por qué lo haces?

RAFAEL: Bueno. Todos mis amigos lo hacen.

RODOLFO: Pues, vaya insulto. Yo soy tu amigo y no lo hago.

RAFAEL: Pero me hace sentir mayor.

RODOLFO: Pero los mayores no tienen que esconderse para hacerlo.

RAFAEL: (Gritando agitado) ¡Pero me calma los nervios. Me tranquiliza!

RODOLFO: Ya lo veo. Nunca te he visto tan tranquilo como ahora. Oye Rafael, solo los tontos fuman porque no toman en cuenta los riesgos.

RAFAEL: Pero Rodolfo, mis padres fuman.

RODOLFO: Tus padres son tontos. ¿Sabías tú que si no fumas, vivirás ocho años más que si fumas?

RAFAEL: ¿De verdad?

RODOLFO: ¿Y sabes qué dicen los psicólogos del pitillo? ¿Sabes por qué gustan tanto chuparlo?

RAFAEL: Pues, no.

RODOLFO: Espera un momento. Te voy a buscar algo que

sustituirá el pitillo y no te hará daño. (Baja y vuelve enseguida con un chupete.)

RAFAEL: ¡Pero eso es un chupete! Es para un bebé para tranquilizarlo.

RODOLFO: Exactamente. Tú dices que necesitas algo para tranquilizarte. El tabaco es un estimulante. No tranquiliza. Pero. . . el chupete. . . con un poco de azúcar. . .

RAFAEL: Basta. Te estás burlando de mí.

PASTOR: Oigan muchachos. ¿Por qué están levantando las voces?

RODOLFO: Pastor. Rafael está fumando y yo solo intentaba decirle que era peligroso y que no era necesario fumar.

PASTOR: Bueno. Tienes razón. Es peligroso. (Añadir algunas estadísticas: 80% de los incendios son causados por el fumar. Cáncer. Alquitrán en los pulmones. etc.)

RAFAEL: ¡Lo puedo dejar cuando quiera!

PASTOR: Con cada mes que pasa, te será más difícil. Cuando yo era joven, también fumaba.

RAFAEL Y RODOLFO: ¿Usted fumaba?

PASTOR: Sí, pero lo dejé después de dos años porque me daba cuenta que me estaba perjudicando la salud. ¿Por qué no lo dejas tú ahora?

RAFAEL: Pero, ¿qué pensarán mis amigos?

PASTOR: Pues, pregunta a Rodolfo. El es tu amigo.

RODOLFO: Pues, yo pensaré que si NO lo dejas, eres un debilucho, sin voluntad propia. . . que se deja llevar por la corriente.

RAFAEL: ¡Bueno! No pensaba en eso. (Mira su cigarrillo.) Vaya chupete venenoso. Ya no soy un bebé. No te necesito. (Tira el pitillo y el pastor lo apaga.)

PASTOR: Bien haces Rafael. Y sé que hay muchas personas que les gustaría dejarlo y por eso tengo una lista de los pasos que me ayudaron a mí.

RODOLFO: Muy bien. Entonces, mientras los niños reciben folletos los mayores pueden tomar una copia de estos pasos.

PASTOR: Efectivamente. Bueno. Adiós chicos.

RAFAEL Y RODOLFO: Adiós, pastor. Y muchas gracias. (Salen)

LIMPIEZA ES BELLEZA

Carol Kammerdiener y S. Dennis Hale

Dos personajes: Rafael y Rodolfo

RAFAEL: (Sube cantando, echando papeles, cartones, etc. por todas partes.) (Aparece después.)

RODOLFO: Oye, Rafael. ¿Qué haces? ¿No has visto los letreros que dicen: Donde hay limpieza, hay belleza?

RAFAEL: ¿Qué más da? Nadie me vio.

RODOLFO: (Señalando hacia el público.)

RAFAEL: Pues sí. . . a lo mejor, ellos lo hacen también.

RODOLFO: Pero, porque nadie te vio hacerlo ¿crees tú que está bien? La LIMPIEZA ES BELLEZA y tú has echado basura a la calle.

RAFAEL: ¡Bah! Lo que hago no tiene importancia. Son unos pocos papelitos.

RODOLFO: Sí, todo el mundo tiene derecho lo mismo que tú, ¿verdad?

RAFAEL: Sí, todo el mundo es libre para hacer lo que le dé la gana.

RODOLFO: Bien, ¿cuántos habitantes tiene esta ciudad?

RAFAEL: Demasiados.

RODOLFO: Pues tiene ________. ¿Tú puedes imaginar ________ papeles tirados en el suelo aquí en este sitio? No se vería ni siquiera el escenario. No podrían ver tu simpático rostro.

RAFAEL: ¡Bah! Sigo pensando que no tiene importancia lo que hago yo. No se tiran todos los papeles aquí.

RODOLFO: Entonces, supongamos que cada vez que alguien va a tu casa, tira los papeles en el piso. ¿Eh. . . eh? ¿qué me dices a eso?

RAFAEL: ¡Pues en mi casa no tira basura nadie! Sería cosa fea. Mi casa no es una pocilga.

RODOLFO: Ni tampoco la ciudad. La ciudad es la casa de la gente. Donde hay limpieza, hay belleza.

RAFAEL: (Contempla los papeles que ha tirado.) Tienes razón. Eso es muy feo. Me gustaría recogerlos. (Baja por su papelera. Intenta recoger los papeles pero no alcanza.) Oye, ¿alguien me podría ayudar? Prometo no volver a tirar papeles en la calle. (Si alguien del público no responde, entonces lo hacemos los de la iglesia.)

RODOLFO: Rafael ha aprendido una lección importante hoy. ¿y tú? Todos tenemos que ayudar a mantener limpia la ciudad. Donde hay limpieza, hay belleza.

LA POLICIA ES NUESTRA AMIGA

Tres personajes: Rafael, Rodolfo, policía

(Suben Rafael y Rodolfo hablando. Se acerca un policía, pasa frente a ellos y luego se va. Rafael lo ve, y se pone nervioso.)

RAFAEL: ¿Por qué se acerca a nosotros? Yo no hice nada.

RODOLFO: ¿Qué te pasa, hombre? ¿Qué has hecho para ponerte tan nervioso un policía?

RAFAEL: Nada, nada. No he hecho nada. Es que tengo miedo a la "poli".

RODOLFO: ¿Pero por qué tienes miedo a la "poli"? Ellos me hacen sentir más seguro.

RAFAEL: ¿Pero no ves que tiene una porra y quizá una pistola a escondidas? y ¡mira! que nos puede hacer daño.

RODOLFO: El no lleva estas cosas para hacernos daño, sino para protegernos de la gente mala. La policía es nuestra amiga. Mira, aquí viene otro. (Viene otra vez.) ¿Por qué no le hacemos unas preguntas?

(Entra el policía)

POLICIA: Hola, muchachos. ¿Qué están discutiendo? (Rafael se retira un poco.)

RODOLFO: Estamos hablando precisamente de la policía. (Rafael se cubre la cara.) Rafael le tiene miedo, y le estaba explicando que la policía nos hace mucho bien. Dígale lo que hace la policía.

POLICIA: Bueno, con mucho gusto. Controlamos el tráfico de la ciudad para que no hayan tantos accidentes.

RAFAEL: ¡Y ponen multas!

POLICIA: Sí, ponemos multas; pero sólo a aquellos que

ponen en peligro nuestras vidas y nuestra propiedad. Los que obedecen las leyes no tienen que temer.

RODOLFO: Y también vigilan las calles de noche, ¿verdad?, para evitar robos y atracos.

POLICIA: Sí, es cierto. En general, nuestra tarea es de PROTEGER la vida y la propiedad de nuestros ciudadanos para que puedan desarrollar sus vidas en paz y tranquilidad.

RAFAEL: ¡Ah! Entonces si yo no hago nada malo, no tengo que tenerle miedo, ¿verdad?

POLICIA: Precisamente. Yo quiero ser tu amigo. Y quiero que tú seas mi amigo.

RODOLFO: ¿Ves, Rafael? La policía es muy buena para nuestra ciudad, y todos debemos respetarles y ayudarles para que puedan cumplir con su responsabilidad.

POLICIA: Oigan, muchachos, tienen que venir conmigo. (Rafael de nuevo se asusta.) Quiero invitarles a tomar chocolate con churros.

RAFAEL: (Suspirando) Gracias, gracias.
(Salen juntos abrazándose.)

SEMAFOROS

Carol Kammerdiener y S. Dennis Hale

Cuatro personajes: Rodolfo, Rafael, una señora, un policía

(Dos títeres entran andando y se paran frente a un semáforo que indica que se detengan.)

RODOLFO: (Rodolfo para y Rafael sigue.) Espera, Rafael, el semáforo está indicando que nos detengamos.

RAFAEL: ¡Qué más da! No viene nada, y además, mis padres siempre lo hacen. Tengo prisa. (Sigue).

RODOLFO: ¡Rafael! ¡Cuidado! ¡Viene un coche por la esquina! (Se oye un frenazo y el choque de un coche. Rafael salta al aire y cae llorando.)

(Aparecen un policía y una señora.)

POLICIA: Rafael, Rafael. ¿Me oyes?

SEÑORA: Está mal herido. Pobre chico.

POLICIA: Voy a llamar la ambulancia. (Baja)

RODOLFO: Traté de impedir que cruzara pero no me hizo caso.

SEÑORA: (Sacudiendo la cabeza.) Pobre chico.

RODOLFO: ¿Va a morir? No puede morir. Es mi mejor amigo.

POLICIA: (Se oye la sirena de la ambulancia. Aparece la policía de nuevo.) Tranquilo, muchacho, tranquilo. Pronto estarás bien. (Para la sirena.)

POLICIA: ¡Atrás! ¡Atrás! Dejen paso para que lo pongan en la ambulancia. (Comienza la sirena.)

RODOLFO: ¡Rafael! ¡Rafael! ¿Por qué no me hiciste caso? (Todos salen)

(Sube un cartel que dice: "UNAS SEMANAS DES-
PUES". Reaparecen el semáforo y el policía por un lado y
entran Rafael y Rodolfo por el otro. Rafael lleva vendas.)

RAFAEL: Y en el hospital, mi abuelo me trajo un cochecito y
papá me dio un libro de Asterix.
RODOLFO: El semáforo está indicando que nos detengamos.
RAFAEL: Sí, esperemos hasta que cambie. He aprendido mi
lección.
RODOLFO: (Cambia la luz.) Ahora, podemos cruzar. (Ambos
cruzan y salen.)
POLICIA: Escuchen, amiguitos. Obedezcan las señales para
peatones. Y usted, padre, sea buen ejemplo. Su buen
ejemplo puede salvar la vida de SU hijo.

(El policía se acerca al semáforo y se dirige a los niños.
Mirando el semáforo.)

POLICIA: Niños, esto quiere decir . . . (Esperar la respuesta.
Entonces, se da vuelta al semáforo.) ¿Y esto? . . . (Esperar la respuesta.) Para nuestro propio bien, seamos todos
buenos ciudadanos. ¡Adiós!

Instrucciones para la fabricación de títeres

Materiales:

- Un metro de tela de semi-punto del color que desee
- Un metro de goma espuma de unos dos centímetros de grosor
- Cartón rígido o plástico duro para el interior de la boca
- Ojos
- Pelo dacha o peluche
- Pegamento de contacto

A. Cortar los patrones y con ellos la tela.

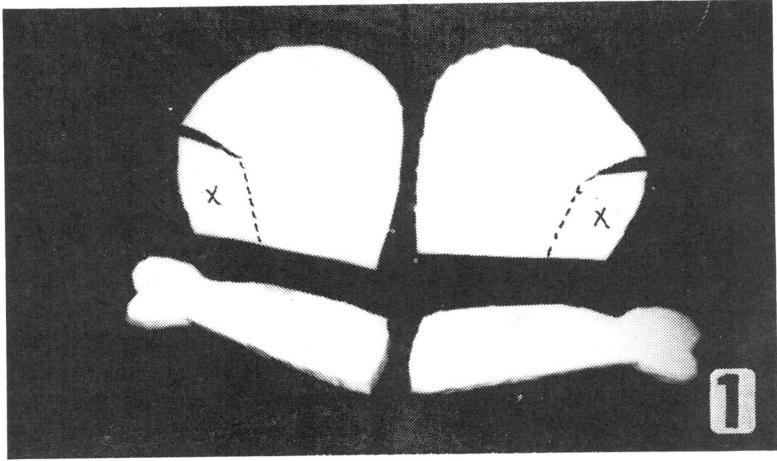

B. Cortar la goma espuma para la cabeza y los brazos (Foto No. 1), el cuerpo, la boca, la nariz y las orejas.

C. Coser las dos partes de la cabeza por encima de la boca y por debajo como cinco centímetros.

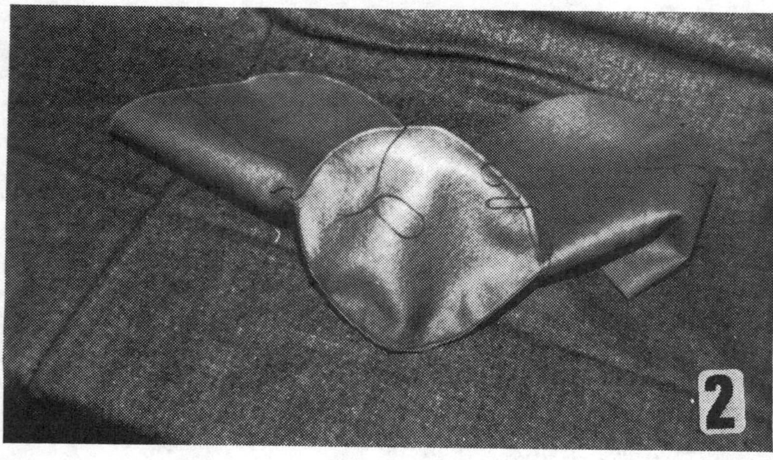

D. Coser la boca a la abertura de la cabeza. (Vea la foto No. 2)

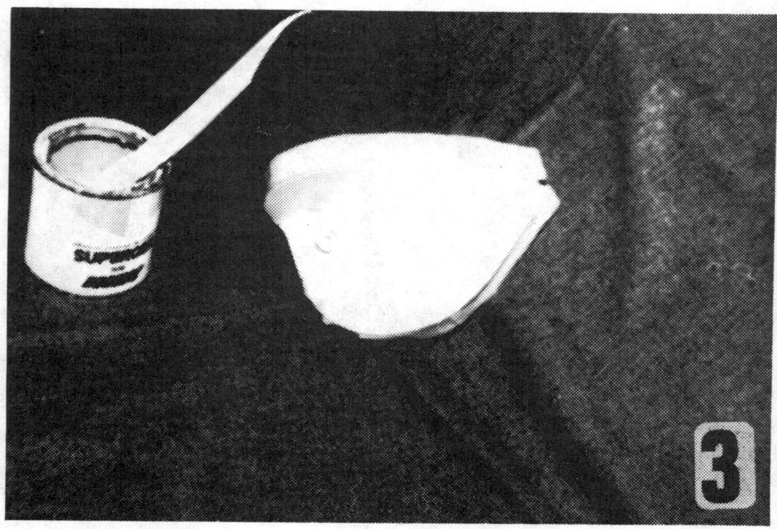

E. Pegar la goma espuma (partida en dos piezas) al cartón recortado, pero solo por los bordes redondeados. (Vea foto No. 3).

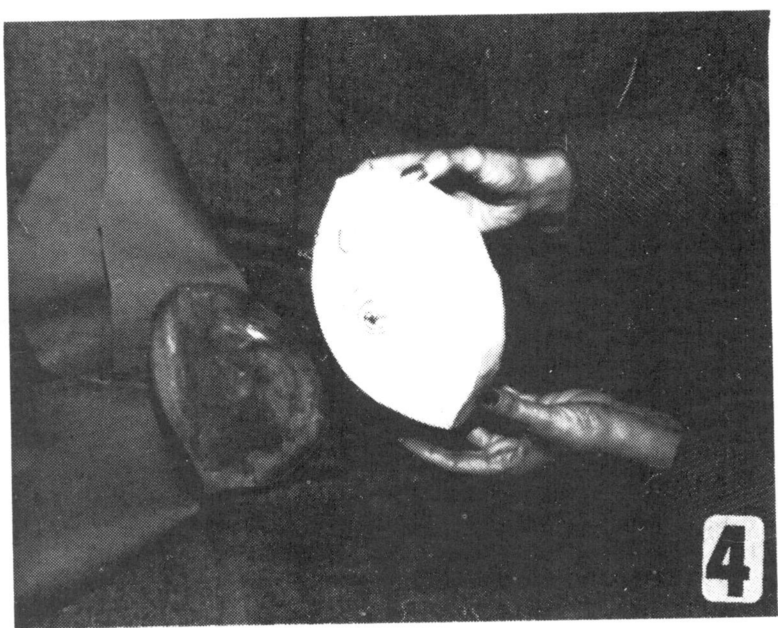

F. Pegar el cartón (doblado y semicortado) al interior de la boca de manera que al darle vuelta después de terminar el cosido de la cabeza quede oculta. (Fotos números 4 y 5).

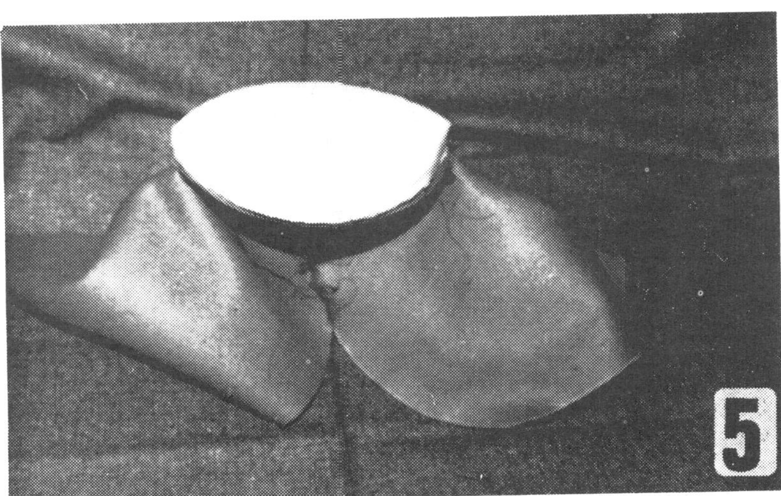

G. Meter la nariz (rellena de un trocito de goma espuma) en el lugar indicado en el patrón, coser el resto de la cabeza (salvo el borde recto inferior), y darle la vuelta. (Foto No. 7)

H. Anular en la goma espuma la parte baja de la boca. (Fotos números 1 y 7).

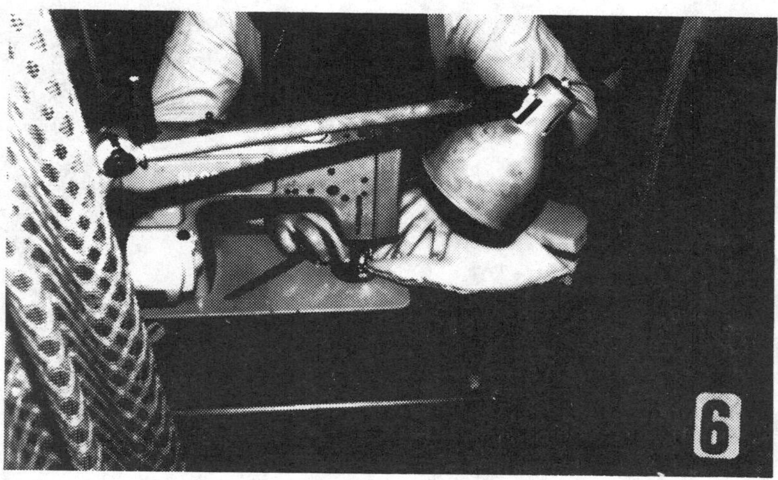

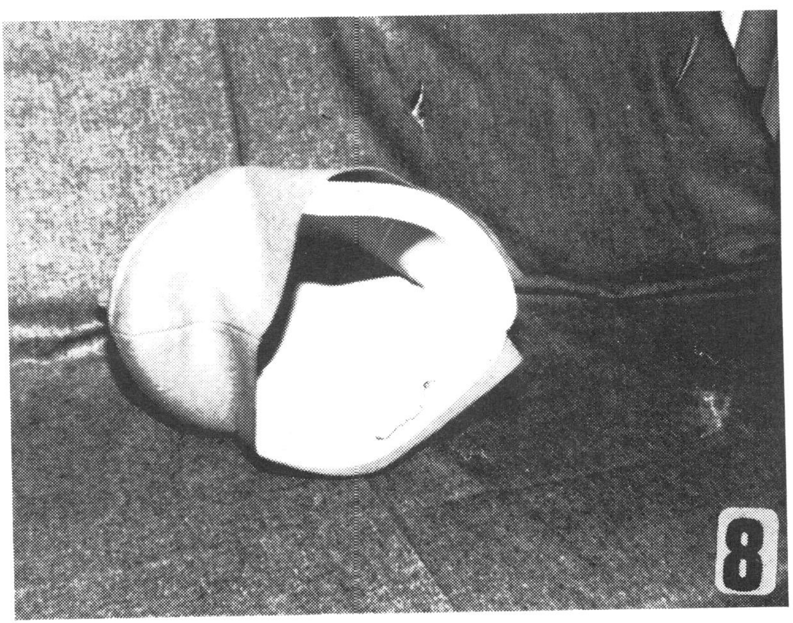

I. Coser o pegar por los bordes redondos las dos partes de la cabeza en goma espuma y meterlo en la cabeza. (Fotos números 6 y 8).

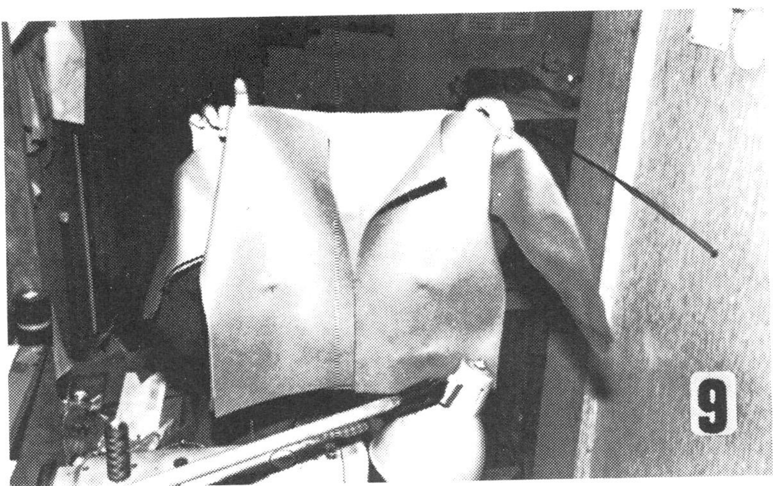

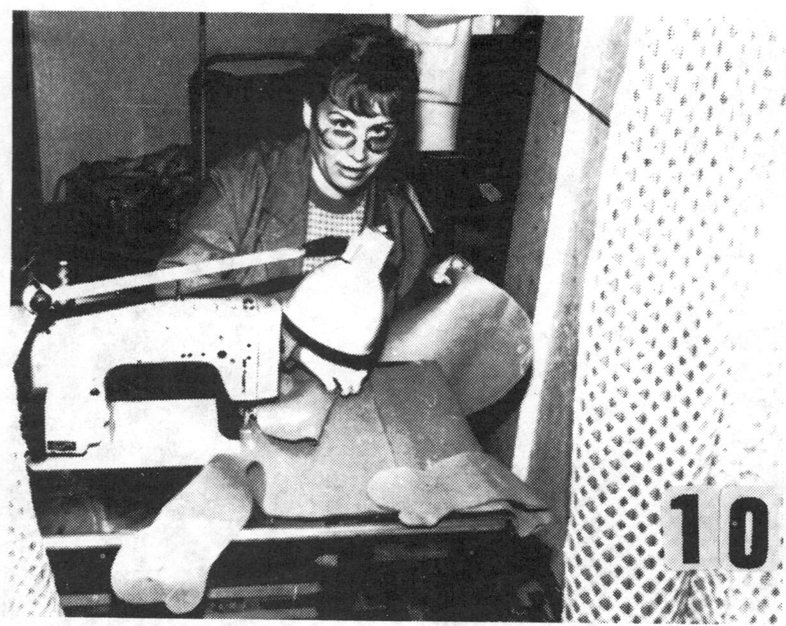

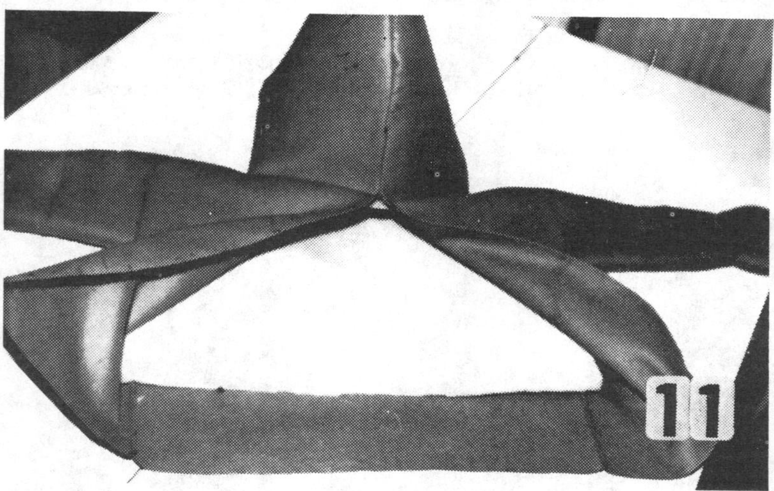

J. Terminar de coser el cuerpo y unirlo a la cabeza. Al cuerpo unir la goma espuma a las costuras cosiéndolo interiormente todo junto (tela y goma). Además, meter goma espuma en los brazos. (Fotos números 9 a 11).

78

K. Coser la peluca poniendo en el corte las orejas, de manera que
queden independientes en la peluca y no en la cabeza. (Se puede
tener varias pelucas con diferentes colores de pelo.)

L. Los brazos pueden llevar otras dos costuras para darles flexibili-
dad.

M. Pegar los ojos en el lugar indicado. (Se puede pegar en la boca
una lengua si lo desea.)

N. Vestirlo y "darle vida". (Foto No. 12).

Se pueden hacer títeres con diferentes colores de piel. Se puede
añadir un bigote o cambiar pelucas para hacer diferentes personajes.
(Foto No. 13).

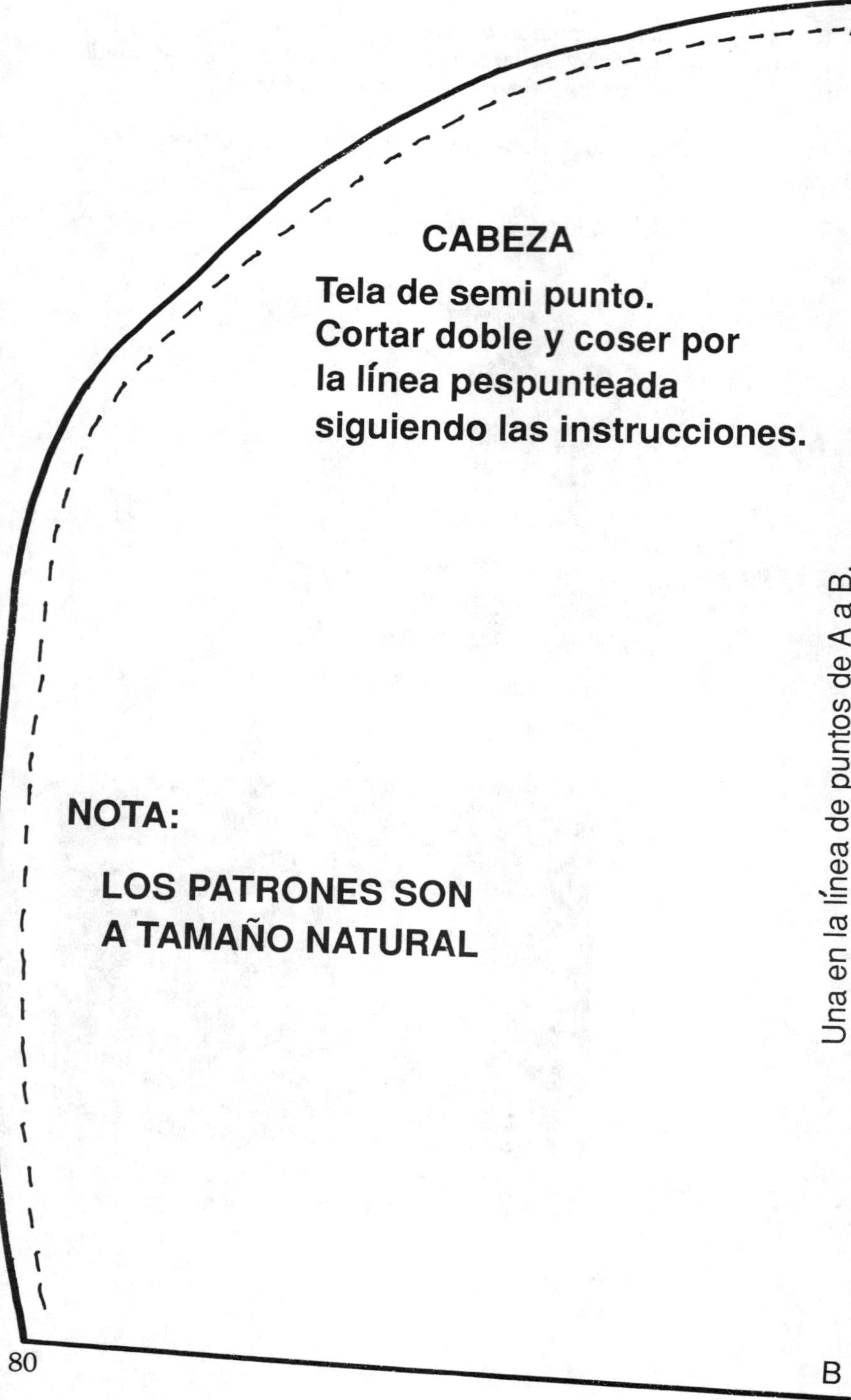

A
CABEZA
Tela de semi punto.
Cortar doble y coser por
la línea pespunteada
siguiendo las instrucciones.
Una en la línea de puntos de A a B.
NOTA:
LOS PATRONES SON
A TAMAÑO NATURAL
80
B

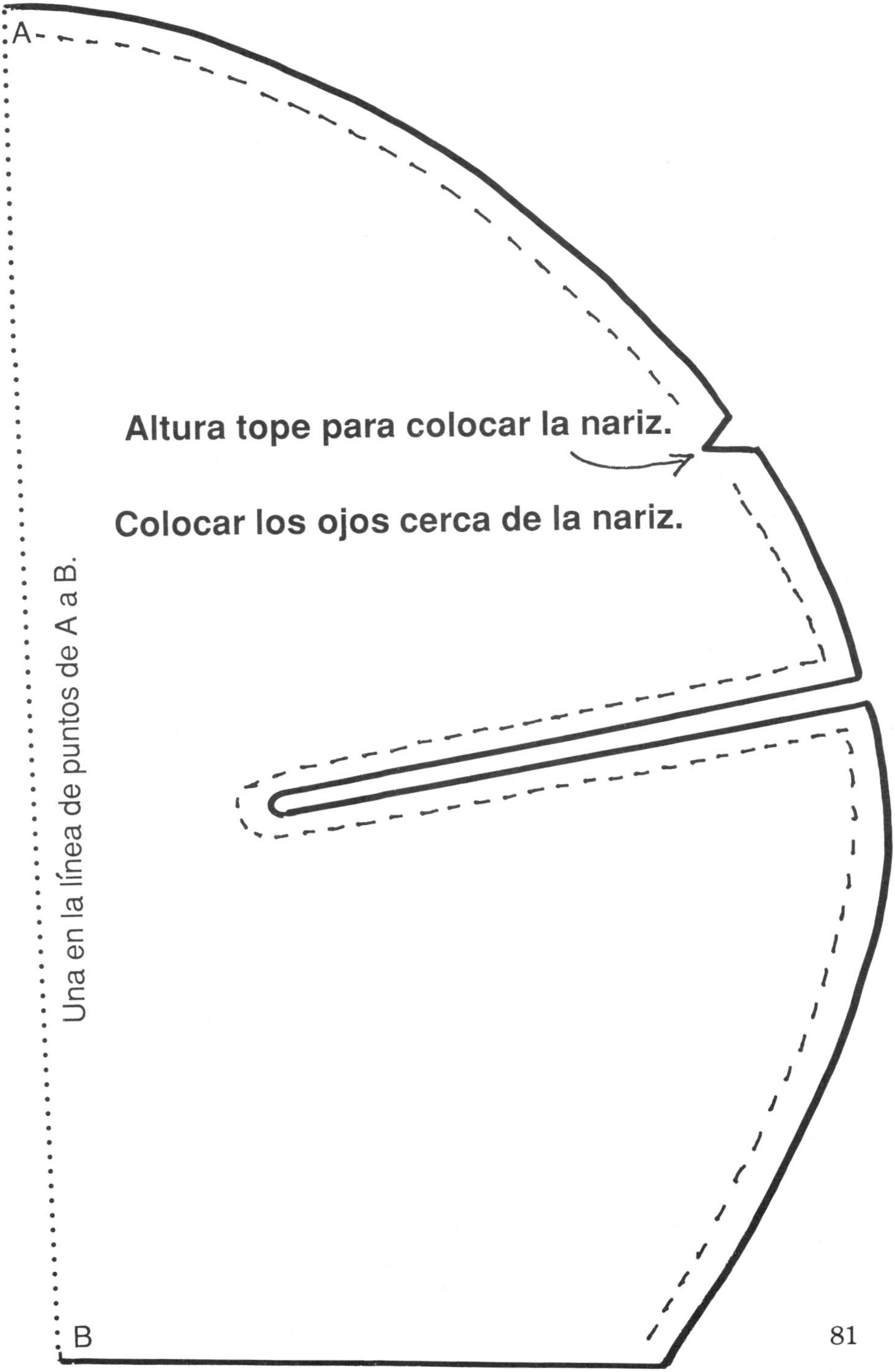

A
B
Altura tope para colocar la nariz.
Colocar los ojos cerca de la nariz.
Una en la línea de puntos de A a B.

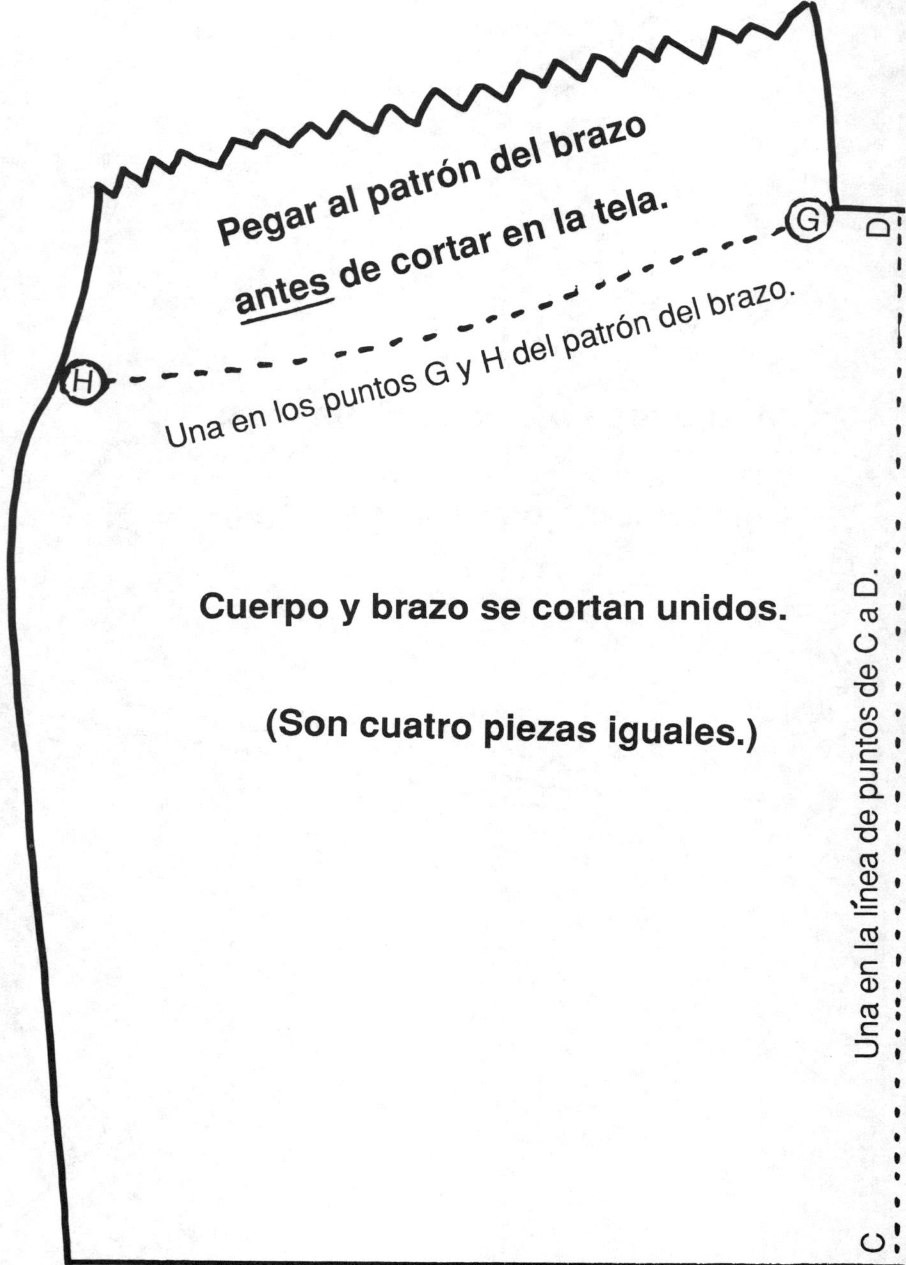

Pegar al patrón del brazo antes de cortar en la tela.
H
Una en los puntos G y H del patrón del brazo.
G
D
Cuerpo y brazo se cortan unidos.
(Son cuatro piezas iguales.)
Una en la línea de puntos de C a D.
C

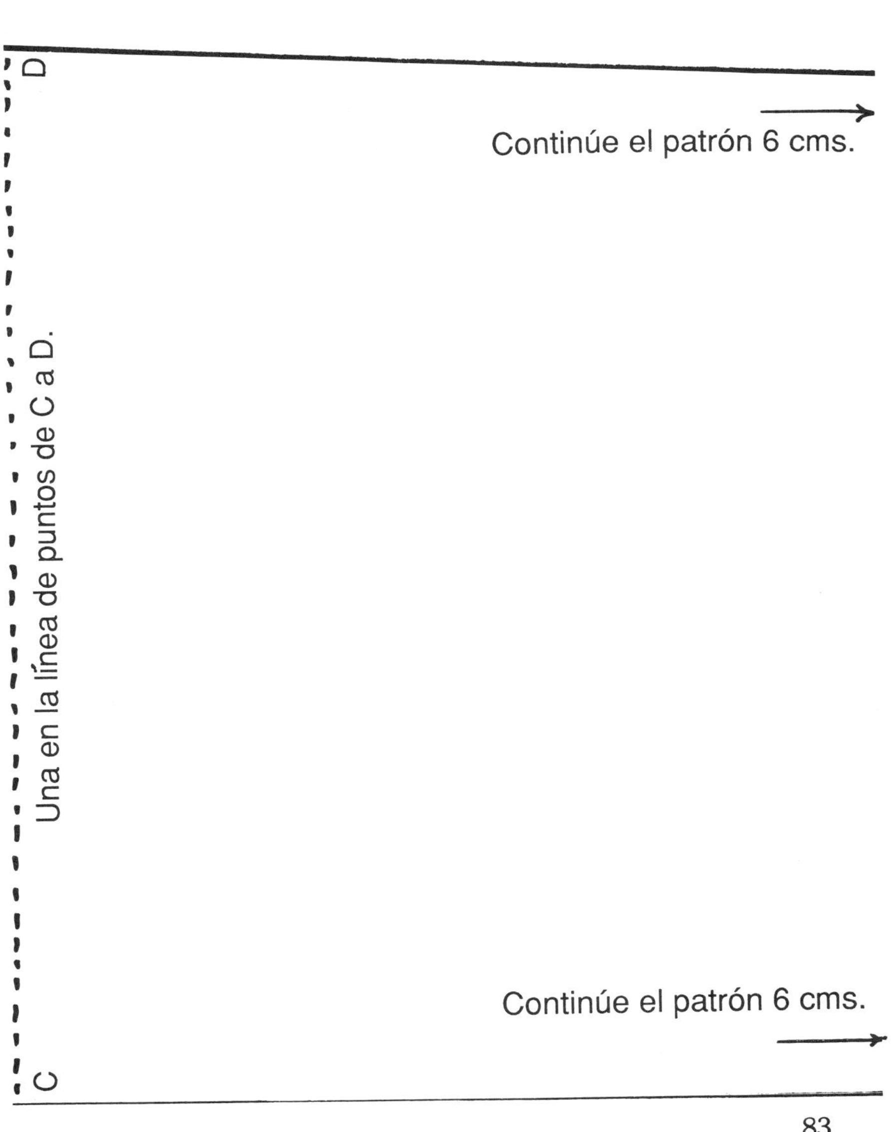

D
C
Una en la línea de puntos de C a D.
Continúe el patrón 6 cms.
Continúe el patrón 6 cms.

Pegar al patrón del cuerpo antes de cortar en la tela.
H
Una en los puntos G y H del patrón del cuerpo.
G
Cortar cuerpo y brazo todo unido.
(Cortar cuatro piezas iguales.)
Una en los puntos

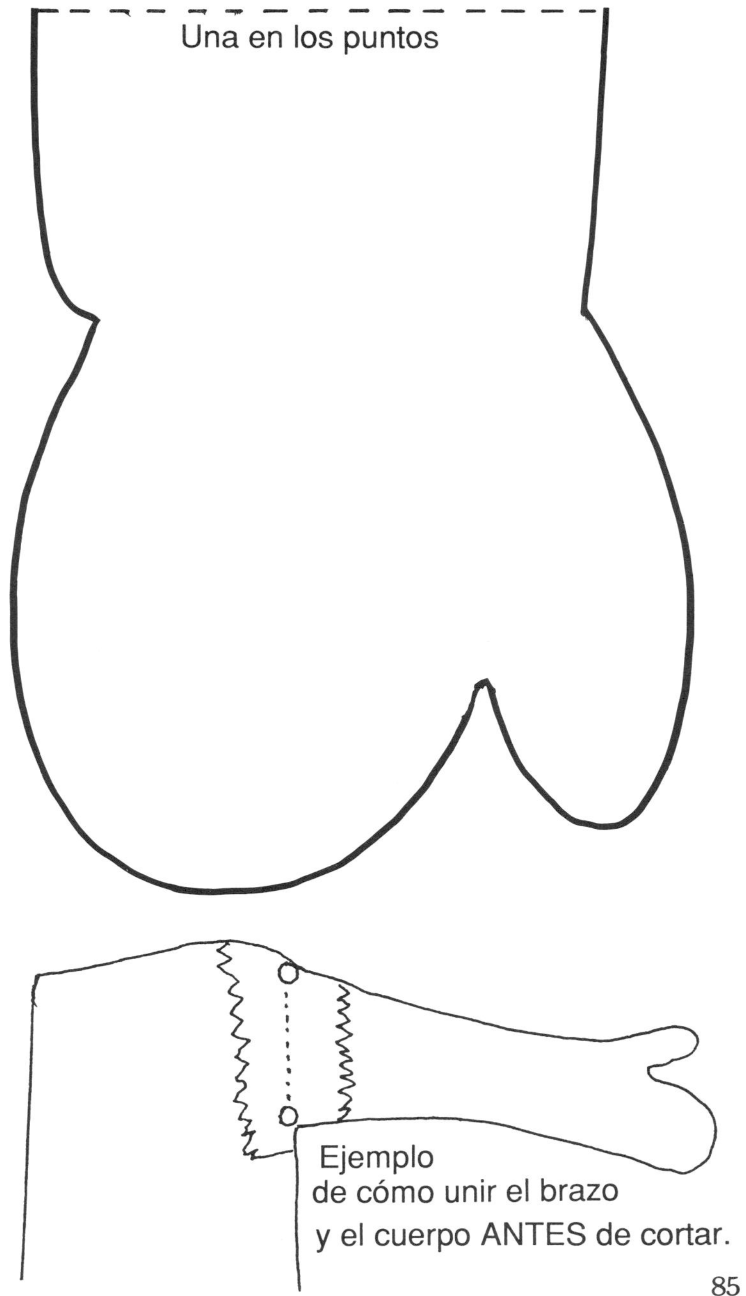

Una en los puntos
Ejemplo
de cómo unir el brazo
y el cuerpo ANTES de cortar.

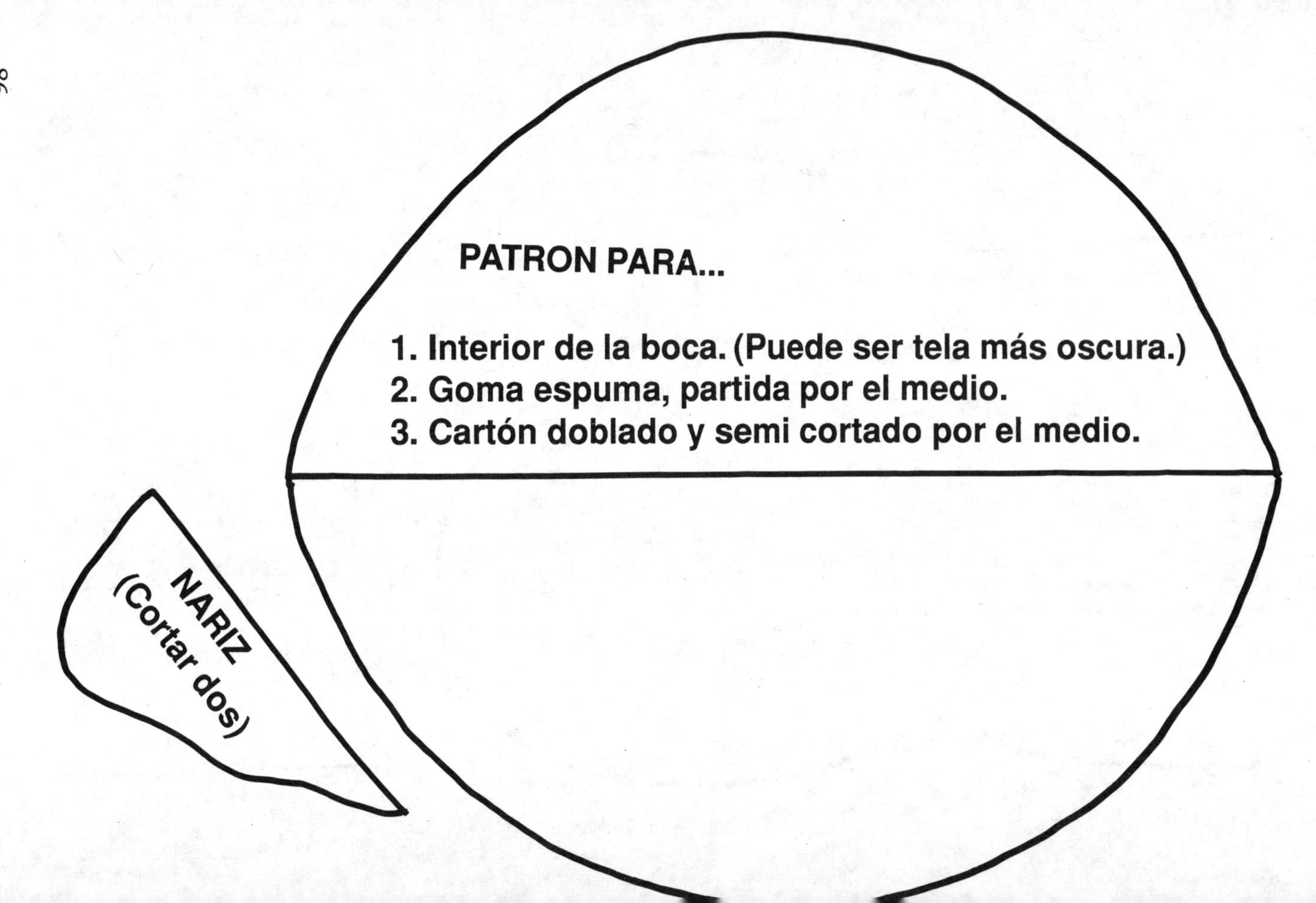

PATRON PARA...

1. Interior de la boca. (Puede ser tela más oscura.)
2. Goma espuma, partida por el medio.
3. Cartón doblado y semi cortado por el medio.

NARIZ
(Cortar dos)

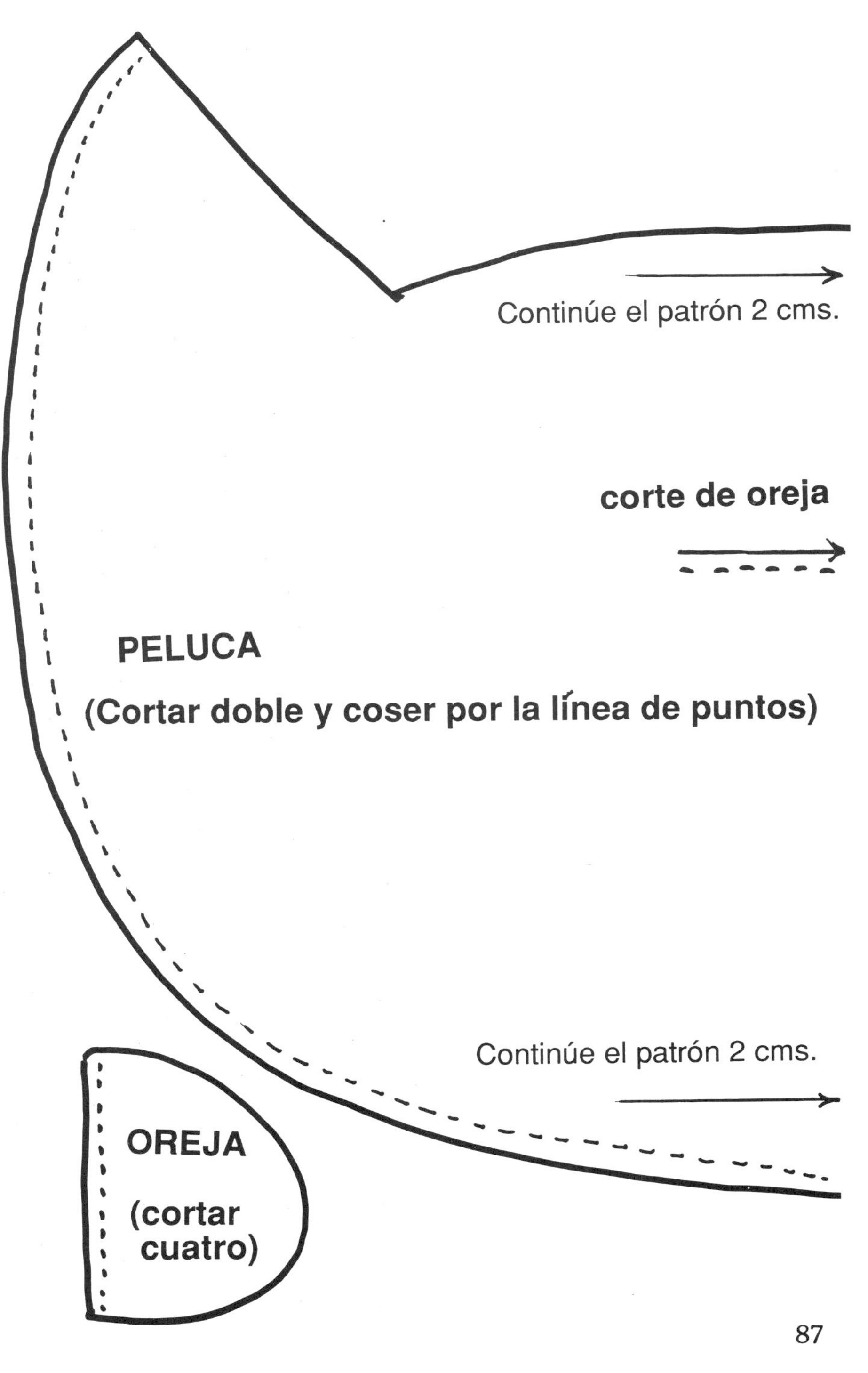

Continúe el patrón 2 cms.
corte de oreja
PELUCA
(Cortar doble y coser por la línea de puntos)
Continúe el patrón 2 cms.
OREJA
(cortar cuatro)

Armazón de un escenario para títeres

Hecho de PVC

(tubo de plástico rígido de fontanería, de 40 mm. serie C.)

Materiales:
    4 - tacos de madera de 10 cms.
       (o 4 injertos con taco de goma)
    4 - uniones "T"
    2 - codos de 45 grados
    6 - tubos PVC de 107 cms.
    1 - tubo de 184 cms.
    2 - tubos de 10 cms.
    1 - tubo de pegamento para PVC

    Para cortina de fondo (opcional)
    4 - tubos de 107 cms.
    1 - manguita de unión
    2 - codos de 90 grados
    1 - unión "T"
    1 - taco de madera o injerto
    2 - tubos de 150 cms. (aproximadamente)

Instrucciones

1. Construir el armazón según la ilustración.
2. Forrar el escenario de tela oscura, gruesa y opaca.
3. Se recomienda un pequeño estuche con piezas de repuesto para efectuar reparaciones. (1 unión "T", 1 codo de 90, 1 codo de 45, 2 manguitas de unión, 30 centímetros de tubería, tubo de pegamento, una pequeña sierra.)

El armazón de tubos de plástico rígido.

El armazón con las dos cortinas colocadas.

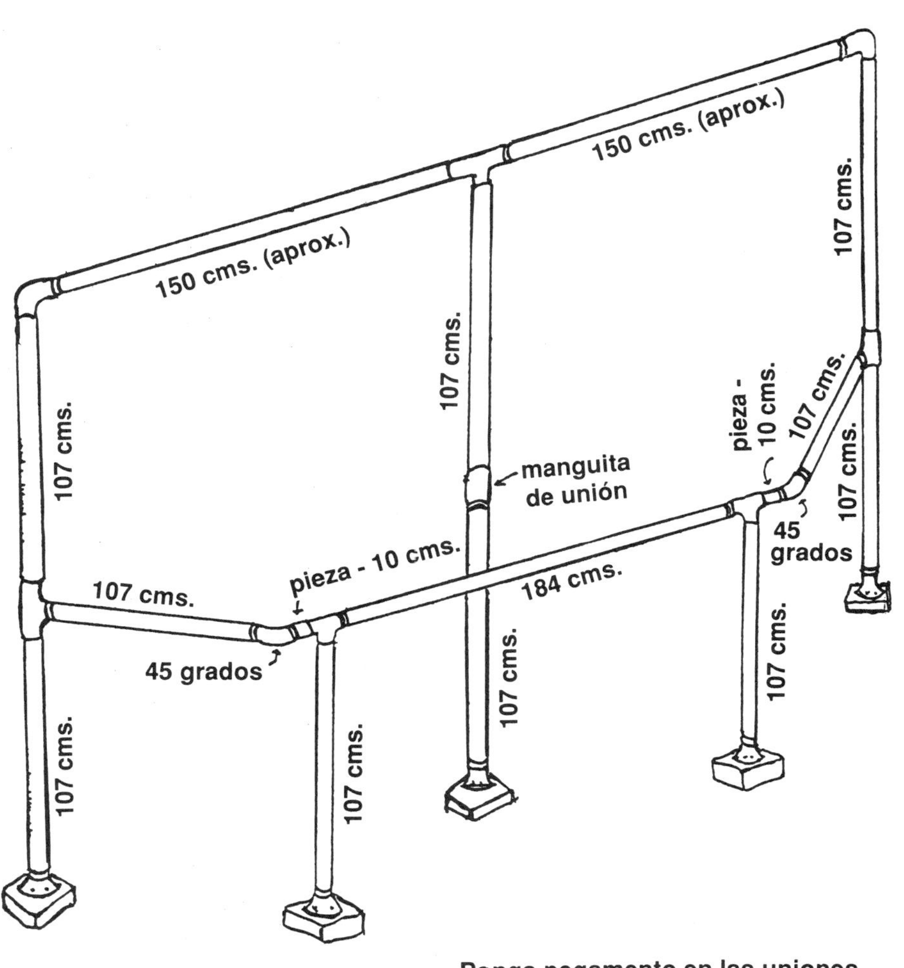

Ponga pegamento en las uniones marcadas con rayas dobles

ejemplo:

aquí, no   aquí, sí

Esquema del armazón.

Apéndice 3
Mezclador de cuatro canales

(Tomado del libro: *Alta fidelidad a bajo costo*, Ed. Ediciones Técnicas REDE, (Barcelona, España, pp. 185-188). Usado con permiso.

Este mezclador se presenta bajo el aspecto de un elegante mueble de 150 x 50 x 70 milímetros, con cuatro mandos en su parte frontal, correspondientes a otros tantos potenciómetros de regulación de la señal de entrada: el primero, situado en el extremo izquierdo, contiene asimismo el interruptor de alimentación del equipo. En la parte posterior del mueble se hallan cinco tomas de contacto: 4 para jack de 6,35 mm. para cada una de las cuatro entradas y una toma coaxial para salida de la señal mezclada.

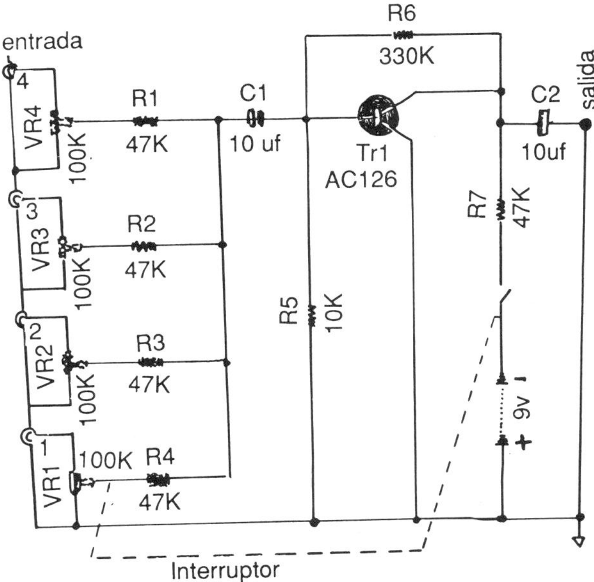

Esquema teórico del mezclador de cuatro canales descrito en el presente capítulo.

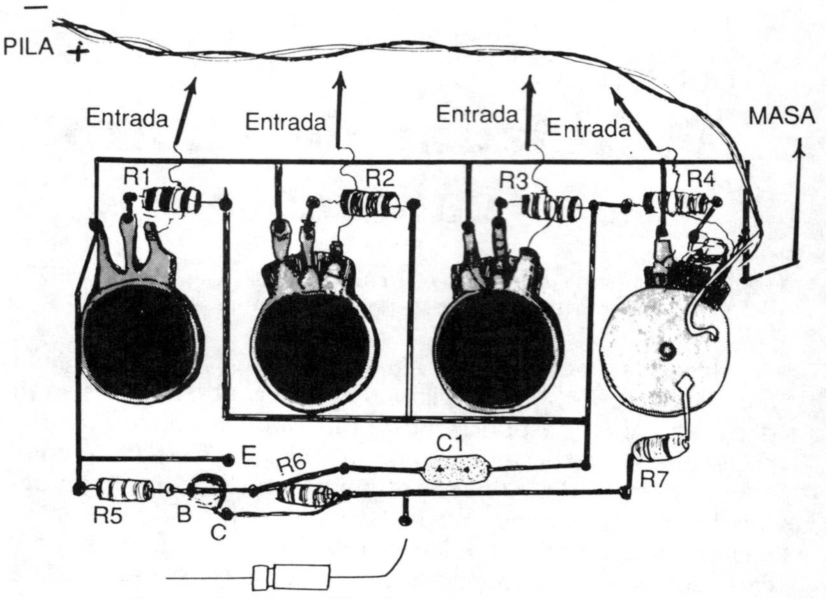

Fotografía que muestra la disposición de los componentes sobre la placa de circuito impreso.

Las características principales de este mezclador equipado con un transistor AC126 o equivalente, son las siguientes:

— Ganancia: 6 dB, aproximadamente.
— Alta impedancia de entrada, especialmente adecuada para micrófonos de cristal. Los micrófonos de baja impedancia pueden ser utilizados a través de un transformador adaptador de impedancias.
— Tensión máxima de entrada: 1,5 V.
— Tensión máxima de salida: 2,5 V.
— Nivel de zumbido: -70 dB.
— Distorsión: 0,5%
— Alimentación: pila miniatura de 9 V, incorporada.
— Consumo: 4mA.

Este mezclador es muy interesante para los conjuntos de orquestación. Permite la mezcla de cuatro fuentes de alta impedancia (micrófonos, sintonizadores, fonocaptores, etc.). La impedancia en la base del transistor es elevada.

Esquema de principio

Como se indica en el esquema de la página 93, sus cuatro potenciómetros de 100 kilohmios regulan respectivamente las tensiones procedentes de cuatro fuentes de alimentación distintas. Las resistencias de 47 kilohmios, en serie con los cursores de los potenciómetros, permiten efectuar la mezcla total. El punto común de todas estas resistencias está conectado a un condensador de acoplo de 10 microfaradios, unido éste a su vez a la base del transistor PNP AC126, montado como amplificador en emisor común. Dicha base está polarizada mediante el divisor formado por las resistencias de 330 KΩ + 10 kΩ, conectadas entre colector y masa (+ 9 V). La resistencia de carga del colector es de 4,7 kΩ.

Las tensiones mezcladas son extraídas del borne de salida a través del condensador C2, de 10 μF.

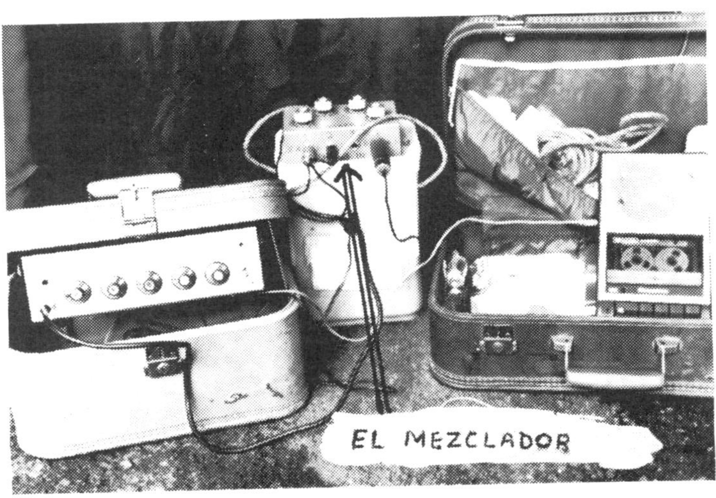

Montaje y cableado

Se utiliza un circuito impreso de 66 x 120 mm, en el que pueden montarse todos los elementos del mezclador. Este circuito está sostenido por los cuatro potenciómetros cuyas patillas, acodadas a 90°, deben soldarse directamente sobre el lado correspondiente al del circuito impreso. La plaquita está provista de cuatro agujeros, correspondientes a los potenciómetros que sobresalen aproximadamente 5 mm del lado opuesto.

La pila de 9 voltios está sostenida por una pequeña escuadra, fijada mediante dos tornillos, sobre la parte inferior de la caja.

Las cinco tomas de entrada están montadas sobre una plaquita posterior por mediación de las tuercas de fijación de las tomas de los jacks. Debe colocarse una arandela metálica sobre cada toma, situándola entre la plaquita y la parte posterior del mueble.

Lista de componentes

1 caja de 150 x 50 x 70 milímetros (aprox.)
5 jacks de 6,35 mm. (hembras)
1 pila de 9 voltios
1 conector bipolar para la pila
4 potenciómetros de 100 kilohmios
4 resistencias de 47 kilohmios
1 resistencia de 330 kilohmios
1 resistencia de 10 kilohmios
1 resistencia de 4,7 kilohmios
2 condensores de 10 microfaradios
1 transistor PNP AC126
1 circuito impreso de 66 x 120 mm. (aprox.)
1 interruptor unipolar